W0216271

Brandenburger

Bilderbogen

Der Südosten

»Die wahre Entdeckungsreise besteht nicht darin, neue Landschaften zu suchen, sondern mit neuen Augen zu sehen.«

Marcel Proust

Mein besonderer Dank gilt Herrn Prof. Dr. Ernst-Georg Kirschbaum und Herrn Prof. Ingo Timm sowie meiner Frau Christine, die mich mit großer Freude, Aufmerksamkeit und Intensität bei der Arbeit am Projekt des Brandenburger Bilderbogens beraten und unterstützt haben.

© Michael Imhof Verlag GmbH & Co. KG, 2010
Stettiner Str. 25, D-36100 Petersberg
Tel. 0661/9628286, Fax 0661/63686
www.imhof-verlag.de

Fotos, Texte, Reihengestaltung und Layout:
Dieter Heidenreich
Reproduktion:
Michael Imhof Verlag
Druck und Bindung:
Himmer AG, Augsburg

ISBN 978-3-86568-342-7

Dieter Heidenreich

Brandenburger *Der* Bilderbogen *Südosten*

Dahme-Spreewald
Oberspreewald-Lausitz
Oder-Spree
Stadt Frankfurt (Oder)
Stadt Cottbus
Spree-Neiße
Kulturlandschaften in Europa

Michael Imhof Verlag

Inhalt | Der Südosten

Vorwort

Danklied für die Verkündigung des Friedens

Gott Lob! nun ist erschollen
Das edle Fried- und Freudenswort,
Daß nunmehr ruhen sollen
Die Spieß und Schwerter und ihr Mord.
Wohlauf und nimm nu wieder
Dein Saitenspiel hervor,
O Deutschland, und sing Lieder
Im hohen vollen Chor.
Erhebe Dein Gemüte
Zu deinem Gott und sprich:
Herr, Deine Gnad und Güte
Bleibt dennoch ewiglich!

Der Text des Dankliedes von Paul Gerhardt ist vermutlich in der ersten Berliner Zeit entstanden. Die Veröffentlichung erfolgte jedoch erst im Jahre 1653 in der 5. Auflage in einem Gesangsbuch des befreundeten Kantors Johann Crüger.

Die Anfangsstrophe des Liedes von Paul Gerhardt (1607–1676), das dem Ende des Dreißigjährigen Krieges gewidmet ist, der in der Mark Brandenburg besonders grausam gewütet hatte, steht zugleich für einen der bedeutendsten evangelisch-lutherischen Liederdichter und Pfarrer (S. 8), der die letzten Jahre seines Lebens in Lübben wirkte und lebte. Vor der Stadtkirche steht sein Denkmal.
Der Leser hält nun den vierten und letzten Band der im Michael Imhof Verlag erschienenen Reihe *Brandenburger Bilderbogen* in der Hand, der dem *Südosten* des Bundeslandes gewidmet ist. Der Autor Dieter Heidenreich beschließt damit die Bild- und Textreise durch alle Teile des Bundeslandes, das bisher in den drei Vorgängerbänden *Der Nordosten, Der Nordwesten* und *Der Südwesten* vorgestellt wurde. Die Landkreise Dahme-Spreewald, Spree-Neiße, Oberspreewald-Lausitz, Oder-Spree sowie die beiden kreisfreien Städte Cottbus und Frankfurt (Oder) sind Gegenstand dieser Bilder reise. Das bewährte Auswahlprinzip wird beibehalten: So entwickelt sich der Bilderbogen, gleichsam polyphon fortschreitend, als wohl ausgewogenes, farbiges Angebot der herausragenden und weniger bekannten Bauten, vielgestaltigen Landschaften und darin lebenden Menschen. Die erläuternden Einführungen und Bildtexte erhellen Zusammenhänge und vermitteln sachlich notwendige Fakten über eine außerordentlich reiche Kulturlandschaft.

Da ist das Staatstheater Cottbus (S. 156–157), von dem Architekten Bernhard Sehring in Formen des späten Jugendstils 1907/1908 errichtet, dessen ausschwingende, konvexe Seitenfassaden mit der opulenten, jedoch streng gegliederten vertikalen Vorderfront korrespondieren. Ein Ort, in dem innovative Aufführungen stattfinden, die nicht nur Besucher der Region begeistern, sondern auch Theater- und Opernfreunde aus Berlin und anderen Städten der Bundesrepublik anlocken. Ein interessanter Neubau ist das im Jahre 2005 eröffnete Informations-, Kommunikations- und Medienzentrum der Brandenburgischen Technischen Universität Cottbus, das die Baseler Architekten Jacques Herzog und Pierre de Meuron entworfen haben. Seine gläserne Fassade beschwört Erinnerungen an einen schmelzenden, konkav eingezogenen Eisberg (S. 153).
Ganz in Schnee gehüllt sind Schloss und Landschaftsgarten im Ortsteil Branitz (S. 11, 144–151). Angelegt von Hermann Fürst von Pückler-Muskau, entstand die Anlage nach und nach von 1846 bis 1871 als Alterswerk. Angeregt durch englische Parkanlagen, schuf Pückler auf seinem Grund und Boden dieses Gartenreich von seltenem Reiz. Seine Theorien zur Gartenkunst, angereichert durch eigene Erfahrungen, publizierte er 1834 in den »Andeutungen über Landschaftsgärtnerei«. Der weit gereiste, etwas exzentrische Fürst war auch ein bedeutender Reiseschriftsteller.
Die Nieder- und Oberlausitz (S. 8) ist auch die Heimat der Sorben, eines westslawischen Volkes, das als geschützte nationale Minderheit in der Domowina eine eigene Interessenvertretung hat. In diesem Band wird die Niederlausitz vorgestellt. Landschaftlich besonders reizvoll ist *»… der Spreewald in der Niederlausitz, der von vielen Armen der Spree durchströmt wird … Die größtenteils wendischen Einwohner unterhalten, außer der beträchtlichen Viehzucht und Fischerei, auch einen starken Gemüseanbau an Bollen, Meerrettig, Gurken etc., die nach Berlin und Dresden verfahren werden«* (aus: Allgemeine deutsche Real-Encyklopädie für die gebildeten Stände, Leipzig 1830).
Heute ist der Tourismus im Spreewald zusätzlich ein wichtiger Wirtschaftsfaktor geworden. Auf den Spreearmen werden die Besucher in Spreewaldkähnen von ortsansässigen Fährleuten gestakt und genießen, ohne knatternde Motorgeräusche, die Stille und Schönheit der Bruchlandschaft. Im Freilandmuseum Lehde bei Lübbenau kann man verschiedene umgesetzte Bauernhäuser besichtigen und neben unterschiedlichen Haustypen in den Innenräumen die traditionelle Wohnkultur erleben (S. 54–55).
Die barockisierte gotische Kirche des ehemaligen Zisterzienserklosters Neuzelle im Landkreis Oder Spree, erst seit 1815 zu Preußen gehörig, vorher unter böhmischer und kursächsischer Krone, stimmt mit ihrer prächtigen Innenausstattung jeden Besucher heiter und festlich (S. 74–81).
Viele märkische Dorfkirchen begegnen dem Leser und Betrachter, vielfach in Feldstein ausgeführt, die sich durch ihr schlichtes Äußeres einprägen. So zeigt die Kirche in Waldrehna keinen massiven Turm, sondern der Glockenträger ruht im Westen auf zwei gemauerten runden Pfeilern, ist nach drei Seiten offen und wird von einem oktogonalen Aufsatz gekrönt (S. 45).
Dem Leben und Wirken des Dichters Heinrich von Kleist ist das gleichnamige Museum in Frankfurt (Oder) gewidmet (S. 9, 130–131). In Abwandlung einer Betrachtung von Kleist, *Über die allmähliche Verfertigung der Gedanken beim Reden,* die an Otto August Rühle von Lilienstern gerichtet ist, könnte sich bei der Lektüre des *Brandenburger Bilderbogens – Der Südosten* allmählich eine unbändige Lust entwickeln, den Charme und die Vielfalt dieser reichen Kulturlandschaft in Europas Mitte selbst zu entdecken.

Ingo Timm

Einleitung

■ *Fibel aus der Bronzezeit, die im Raum Frankfurt (Oder) gefunden wurde. Die metallene Gewandnadel diente zum Schließen oder zur Befestigung der Kleidung.*

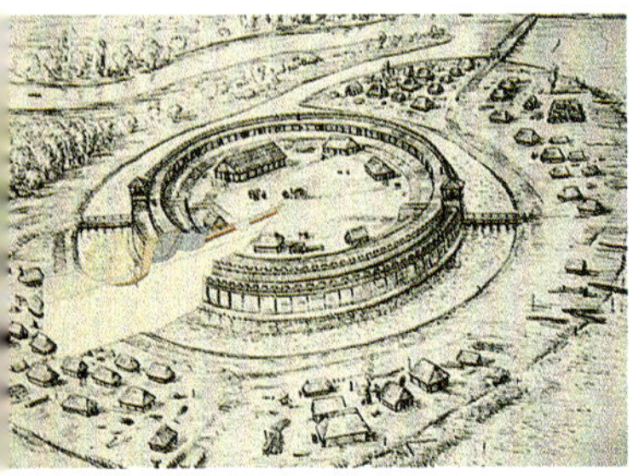

■ *Rekonstruktionszeichnung der Hevellerburg (Mitte 10. Jh.) auf der Dominsel zu Brandenburg in der Ausstellung »Spurensuche«.*

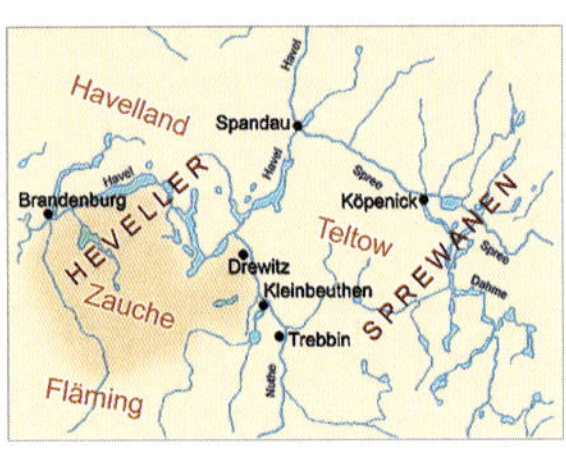

■ *Havelland, Fläming, Zauche und Teltow um 1150.*

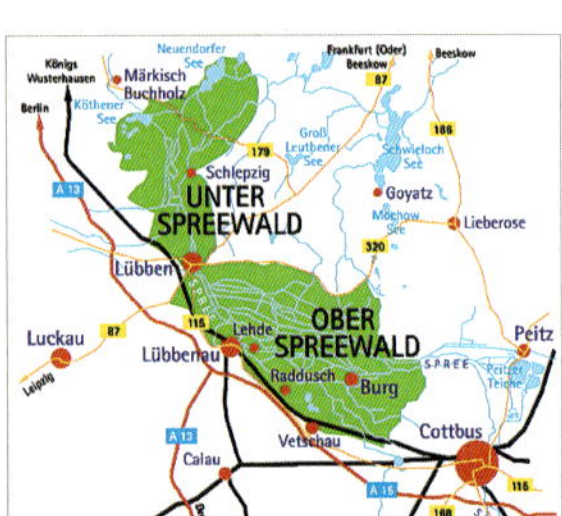

■ *Der Ober- und Unterspreewald.*

Brandenburger Bilderbogen

Über viele Jahrhunderte, ja Jahrtausende hinweg ist die Kulturlandschaft Brandenburgs von Menschen besiedelt, bebaut und gestaltet worden.

Nach dem Motto Marcel Prousts »Die wahre Entdeckungsreise besteht nicht darin, neue Landschaften zu suchen, sondern mit neuen Augen zu sehen« will auch dieser Band der vierteiligen Publikation die Schönheiten und Besonderheiten des Landes Brandenburg aus Gegenwart und Vergangenheit vorstellen.

Es soll ein Bilderbogen der über die Jahrhunderte hinweg gewachsenen Kulturlandschaft im Herzen Europas gezeigt werden. Dabei werden die Luch- und Bruchgebiete, Fluss- und Hügellandschaften, spezifische Gegebenheiten der Regionen und zahlreiche kulturhistorische Bauwerke der Mark Brandenburg vorgestellt.

»Der Südosten« beginnt mit der Bilderreise in den Landkreisen Dahme-Spreewald, Oberspreewald-Lausitz und Oder-Spree, worauf die kreisfreien Städte Frankfurt (Oder) und Cottbus sowie der Landkreis Spree-Neiße folgen. Auf das in den Grenzen von 1993 festgelegte Territorium Brandenburgs will diese Publikation eingehen.

Durch drei weitere eigenständige Bände: »Der Nordosten«, »Der Nordwesten« und »Der Südwesten« fügt sich der Bilderbogen mit allen Landkreisen und kreisfreien Städten Brandenburgs zu einem Ganzen. Auf der Karte Seite 13 ist die Übersicht über die in den vier Bildbänden behandelten Regionen zu finden.

Ein neues Bundesland

Brandenburg liegt im nordöstlichen Teil Deutschlands. In der Mitte des Bundeslandes befindet sich Berlin, die politische Metropole Deutschlands. Die historische Residenzstadt Potsdam ist Landeshauptstadt, in der auch das Landesparlament von Brandenburg und die Landesregierung ihren Sitz haben.

In der Geschichte hat die Mark Brandenburg ihre Grenzen oft ändern müssen. Völkerwanderungen, Gebietsaufteilungen, regionale, europäische und globale Auseinandersetzungen mit nachfolgenden neuen Erbfolgen und Festlegungen trugen zu häufigen Grenzveränderungen bei.

Derzeit gliedert sich das Land Brandenburg in achtzehn kleinere Verwaltungseinheiten. Im Osten wird die Grenze Brandenburgs durch den Verlauf von Oder und Neiße bestimmt. Im Norden der Region liegt Mecklenburg-Vorpommern. Westlich begrenzen Niedersachsen und Sachsen-Anhalt und südlich Sachsen das Bundesland.

Brandenburg und sein Südosten

Den zentralen Ausgangspunkt für die ökonomische, politische und kulturelle Entwicklung der Mark bildete die auf einer Havelinsel gelegene Feste Brandenburg (Abb. S. 6).

Durch Völkerwanderungen sowie auch durch die zeitgleiche gemeinsame Existenz und das Aufeinandertreffen slawischer und germanischer Stämme auf ursprünglich märkischem Territorium kam es zu gegenseitigen Verbindungen und Beeinflussungen der hier lebenden Vorfahren.

Das Gebiet der Zauche war im 12. Jh. von großer geschichtlicher Bedeutung bei der Gründung der Mark Brandenburg. Die Zauche und das Havelland waren um 1100 Siedlungsgebiet der slawischen Heveller (Abb. S. 6). Der christianisierte Hevellerfürst Pribislaw-Heinrich kam im Jahre 1127 an die Macht. Er unterhielt enge Kontakte zu dem Askanier Albrecht dem Bären (Abb. S. 7). Diese Verbindung zwischen Pribislaw und Albrecht führte dazu, dass der Hevellerfürst Pate des ersten Sohnes von Albrecht wurde. Zu seiner Taufe erhielt Sohn Otto, später Otto I. (Abb. S. 7), die Zauche von Pribislaw als Patengeschenk.

Nach dem Tode Pribislaw-Heinrichs, der kinderlos geblieben war, erbte Albrecht der Bär im Jahre 1150 dessen Territorium und Macht.

Nach kämpferischen Auseinandersetzungen eroberte Albrecht am 11. Juni 1157 endgültig die Feste Brandenburg. Aus Teilen älteren askanischen Besitzes sowie aus dem ererbten Havelland und der Zauche gründete er die Mark Brandenburg. Die Burg gab der Mark den Namen, und Albrecht der Bär nannte sich fortan Markgraf von Brandenburg.

Deutsche Bauern, Ritter und Mönche kolonisierten und besiedelten im 12./13. Jh. das vordem slawische Gebiet zwischen Elbe und Oder. Heute leben nur noch in der Lausitz zusammen mit ihren deutschen Nachbarn die Angehörigen eines westslawischen Volkes, die nationale Minderheit der Sorben (von Deutschen auch Wenden genannt). Verwaltungsmäßig gehört die Niederlausitz (im Umkreis von Cottbus) zum Bundesland Brandenburg, die Oberlausitz (mit Bautzen als Zentrum) zum Bundesland Sachsen.

Eine vielfältige Landschaft und ihre Bewohner

Brandenburg liegt in der großen Ebene des Norddeutschen Tieflandes und ist von sehr unterschiedlicher Gestalt. Von der Uckermark im Norden bis zur Elbe-Elster-Niederung im Süden erstreckt sich das Bundesland mit einer Fläche von annähernd 30 000 km^2.

Südwestlich und südlich von Berlin liegen die Landkreise Potsdam-Mittelmark, Teltow-Fläming und Elbe-Elster, in denen es ansehnliche Hügel und bewaldete Gebiete gibt.

Im Landkreis Potsdam-Mittelmark südwestlich von Potsdam befindet sich die Zauche, eine geologische Hochfläche im historischen Kerngebiet der Mark Brandenburg. Diese Hochfläche, die südwestlich durch das Baruther Urstromtal begrenzt wird, entstand vor ca. 20 000 Jahren während der Weichseleiszeit. Die Landschaft prägen hier Endmoränen und Sander wie z. B. die Sand- und Heideflächen bei der Stadt Beelitz.

Der Landkreis Teltow-Fläming wird durch den eiszeitlich entstandenen Höhenzug des Hohen Flämings und des Niederen Flämings gekennzeichnet. Zum relativ trockenen und dünn besiedelten Landstrich gehören die Flüsse Plane, Nuthe sowie Gräben und Bäche, die der Region etwas Wasser bringen.

Der Kreis Elbe-Elster erstreckt sich südwestlich des Lausitzer Grenzwalls. Im Norden bildet das Schweinitzer Fließ einen Teil der Grenze. Im Südwesten wird der Landkreis von der Elbe begrenzt. Die Kremitz, die Schwarze Elster und die Kleine Elster durchfließen das Land, in dem es Erhebungen bis zu 170 m gibt. Im Umland von Bad Liebenwerda befinden sich Auenlandschaften und große Moorgebiete.

Die kreisfreie Stadt Potsdam an der Havel ist gegenüber dem Fläming reich an Gewässern. Die Havel, der Griebnitzsee und die Nuthe gehören zum flachen und wasserreichen Gebiet der Stadtteile Potsdams. Auch die kreisfreie Stadt Brandenburg liegt an den Havelgewässern.

Im Norden und Nordwesten, wo sich die Landkreise Ostprignitz-Ruppin und Prignitz befinden, ist die Landschaft flacher. Luch- und Bruchlandschaften sowie ein Geflecht von künstlichen Gräben, Wasserläufen und Flüssen kennzeichnen das Bild. Die Fluss- und Polderlandschaften von Elbe und Havel weiten sich bei Hochwasser stark aus und sind deshalb eingedeicht worden.

Das Havelland, nordwestlich und westlich von Berlin, durch das lang gestreckte Luch dominiert, ist von zahlreichen Flüssen und Kanälen durchzogen. Dieses wasserreiche Gebiet der Mark wird zum Teil von sumpfigen und morastigen Gewässern bestimmt.

Den nördlich von Berlin gelegenen Landkreis Oberhavel durchziehen in nordsüdlicher Richtung die Havel und von Westen kommend der Kremmener Rhin.

Im Nordosten sind die hügligen Gebiete mit ihren unzähligen eiszeitlichen Seen und Senken, Luch- und Bruchlandschaften und den Nationalparks der Uckermark dominierend. Im Barnim setzen sich die Gewässer fort, nehmen aber zum Süden hin etwas ab. Östlich, an der großen Odersenke im Landkreis Märkisch-Oderland, fällt das Land teilweise steil ab. Das Oderbruch ist eine flache fruchtbare Ebene mit Poldern, Feldern und Wiesen, die von kilometerlangen Dämmen gegen die Hochwasser von Oder und Neiße geschützt wird, bei Hochwasser jedoch mitunter überflutet wird.

Im Südosten befinden sich die Landkreise Dahme-Spreewald, Oder-Spree und die kreisfreie Stadt Frankfurt (Oder) mit vielen Flussläufen und Seen. Zu den weiter südlich und südöstlich gelegenen Landkreisen zählen Oberspreewald-Lausitz, Spree-Neiße und die kreisfreie Stadt Cottbus mit Flüssen, Seen und künstlich angelegten Seen.

Der flache Spreewald, auch das »Venedig Brandenburgs« genannt, erstreckt sich über Teilgebiete der Landkreise Dahme-Spreewald, Oberspreewald-Lausitz und Spree-Neiße und durchzieht mit Hunderten von Wasserarmen die Region.

Durch den Abbau der Braunkohle im Tagebaubetrieb sind in der südöstlichen Kulturlandschaft Brandenburgs große Narben entstanden. In der Lausitz hat die Förderung der Braunkohle eine lange Tradition. Um 1850 begann ihre industrielle Nutzung als Brennmaterial für die entstehende Ziegel- und Glasindustrie. Auch als Heizmaterial war die Braunkohle aus dem Leben der Menschen nicht wegzudenken. Vor allem zur Verstromung wurde das »schwarze Gold« in der DDR in siebzehn Lausitzer Tagebauen gefördert. Die jährliche Kohleförderung in der Lausitz erreichte Ende der 1980er-Jahre 200 Millionen Tonnen. Zusammen mit den Leipziger Tagebauen waren es 300 Millionen Tonnen pro Jahr. Der permanente Kohleabbau führte aber auch dazu, dass zahlreiche Orte umgesiedelt werden mussten und großflächige »Kraterlandschaften« zurückblieben.

Mit der Wiedervereinigung Deutschlands vollzog sich ab 1990 durch die Gründung der Lausitzer Bergbau AG (LAUBAG) als Treuhandbetrieb ein Wandel. Nur noch fünf Tagebaue wie Jänschwalde, Cottbus-Nord, Welzow-Süd in Brandenburgs Landkreis Spree-Neiße sowie Nochten und Reichwalde (bis 1999) in Sachsen wurden durch die LAUBAG betrieben. Gruben und auch Kraftwerke wurden stillgelegt, wodurch Tausende von Menschen in den Regionen ihre Arbeit verloren.

Ab der zweiten Hälfte der 1990er-Jahre sank die Kohleförderung in der Lausitz. Es erfolgte eine durchschnittliche Jahresförderung von rund 60 Millionen Tonnen. Im Jahre 2002 ging die LAUBAG im Energiekonzern Vattenfall Europe auf.

Der Bund und die Kohle fördernden Länder investierten bisher mehr als 8 Milliarden Euro in die Sanierung der Bergbaufolgelandschaften. Aus den früheren Kohlegruben soll das »Lausitzer Seenland« entstehen. Ein Teil des Vorhabens wurde bereits realisiert.

In den Lausitzer Tagebauen darf bislang nur bis zum Jahre 2025 Kohle gefördert werden. Zur langfristigen Energieversorgung sollen jedoch neue Gruben erschlossen werden, wogegen sich erneut Widerstand in der Bevölkerung formiert.

Einschnitte und Veränderungen

Die Mark Brandenburg stellte im 14. und zu Beginn des 15. Jh. einen rechtsfreien Raum dar. Das einheimische Herrschergeschlecht der Askanier war ausgestorben, und Kaiser Karl IV. hatte das Land 1373 seinen Söhnen Wenzel und Sigismund übergeben. Letzterer verpfändete die Mark 1388 an seinen Cousin Jobst von Mähren, der sich nicht um die Mark Brandenburg kümmerte und der Anarchie in brandenburgischen Landen freien Lauf ließ. In der damaligen dünn besiedelten Mark Brandenburg überfielen Raubritter zwischen Elbe und Oder Bauern, Bürger, Kaufleute und Adlige (Abb. S. 7). Sie raubten ihnen Geld und Waren oder nahmen ihnen das Leben. Erst Kurfürst Joachim I. Nestor von Brandenburg gebot dem Raubrittertum zu Beginn des 16. Jh. endgültig Einhalt.

Große Ereignisse wie der Dreißigjährige Krieg (1618–1648) brachten ebenfalls gravierende Einschnitte und Veränderungen für die Einwohner der zum Spielball der Großmächte gewordenen Mark Brandenburg mit sich. Die Mark wurde durch die vielen Kämpfe verwüstet und existenziell ausgeblutet. Auch der Südosten war hart betroffen: Durchzüge großer Heere und Seuchen forderten viele Todesopfer, nicht wenige Orte waren am Ende des Krieges fast menschenleer.

Als der junge Kurfürst Friedrich Wilhelm, den man später den Großen nannte, sein Amt in dieser schrecklichen Zeit antrat, stand er vor großen Herausforderungen. Die Mark Bran-

■ *Der askanische Graf von Ballenstedt Albrecht I., genannt der Bär (um 1100–1170). Erster Markgraf von Brandenburg.*

■ *Otto I., erster Sohn von Albrecht dem Bären (1128–1184).*

■ *Im Mittelalter überfallen und plündern Raubritter ein Dorf.*

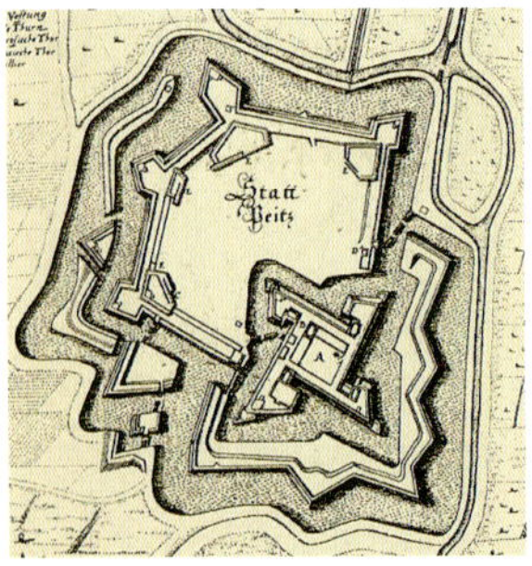

■ *Stadt- und Festungsanlage von Peitz um 1750. Die Burg und die dazugehörige Siedlung wurden vermutlich 1294 zum Schutz einer Passstelle über die Malxe angelegt. 1442 wird Peitz brandenburgisch. Friedrich der Große lässt ab 1767 die Festung schleifen.*

■ *Die Region der Niederlausitz in der Mark Brandenburg.*

■ *Paul Gerhardt (1607–1676), der evangelisch-lutherische Pfarrer, war in den Kirchen von Berlin (Nikolaikirche), Mittenwalde und Lübben tätig. Neben Martin Luther gilt er als einer der bedeutendsten deutschsprachigen Kirchenlieddichter.*

denburg wieder zu beleben und sie ökonomisch zu stärken, gehörte zu seinen vorrangigen Aufgaben.

Mit dem Edikt von Potsdam (Abb. S. 197), das der Große Kurfürst 1685 erließ, schuf er die Grundlage für eine neue Siedlungspolitik in Brandenburg, die Menschen aus anderen Teilen Deutschlands und Europas in die verwaisten Regionen der Mark holte. Der religiösen Toleranz des Großen Kurfürsten wie auch dem wirtschaftlichen Interesse und seinem Streben nach Stärkung der eigenen Position gegenüber der Ständeordnung war diese Entscheidung geschuldet.

Die Geschichte der hugenottischen und anderer europäischer Einwanderer, die ihre Spuren überall in der Mark hinterließen, ist deshalb aus der gewerblichen und kulturellen Entwicklung des Landes nicht wegzudenken. Einflüsse von Sprache und Kultur schlagen sich bis heute nieder.

Ein weiteres Beispiel erneuter Veränderungen für die Bevölkerung brachte der ganzen Mark Brandenburg die Schlacht bei Großbeeren im Südwesten Berlins. Bei Großbeeren wurden die Franzosen vom preußischen Heer geschlagen, und durch diesen Sieg in der Schlacht vom 23. August 1813 wurde die französische Herrschaft in Brandenburg beendet. Gemeinsam mit den Verbündeten Schweden und Russland besiegte Preußen unter der Führung des Generals von Bülow die napoleonischen Truppen.

Das Ende der napoleonischen Herrschaft führte zu einer territorialen Neuordnung Europas auf dem Wiener Kongress 1814/1815. Auch für Preußen wurden wichtige Weichen gestellt. Sein Landgewinn umfasste u. a. die nördlichen Teile des Königreichs Sachsen, darunter die Niederlausitz und Teile der Oberlausitz, die der preußischen Provinz Brandenburg angegliedert wurden.

Der Zweite Weltkrieg war der bislang verheerendste militärische Konflikt in der Menschheitsgeschichte. Er forderte unter den Soldaten und der Zivilbevölkerung bis zu 60 Millionen Tote. Durch Deportation, Flucht und Vertreibung verloren Millionen Menschen ihre Heimat. In seiner Folge kam es zu Gebietsverlusten und zur Zuwanderung zahlloser Flüchtlinge; die zu lösenden Nachkriegsprobleme waren enorm.

Das Jahr 1990 markierte schließlich freie Wahlen in der DDR, die Neuerrichtung von fünf Bundesländern, darunter das Land Brandenburg, und ihren Beitritt zur Bundesrepublik Deutschland. Dieser Beitritt schuf neue Zukunftsperspektiven, führte zu grundlegenden Veränderungen in allen Lebensbereichen und stellte natürlich die Bewohner Brandenburgs erneut vor große Herausforderungen.

Die Niederlausitz im Südosten der Mark

Die Niederlausitz mit dem Spreewald (Abb. S. 6, 8), im Süden Brandenburgs gelegen, wird im Nordosten durch den Fläming, im Südwesten und Süden durch die Schwarze Elster begrenzt; im Osten reicht sie bis nach Polen. Sie ist größtenteils ein Tiefland, das ursprünglich von Mooren und Wäldern bedeckt war.

Zwischen 600 und 800 n. Chr. besiedelten slawische Stämme das Gebiet zwischen Elbe/Saale und Oder/Queis. Die Slawen lebten vornehmlich als Bauern in kleineren Stammesverbänden, die jeweils eine Reihe dörflicher Siedlungen umfassten. In einer Chronik wurden die Sorben 631 erstmalig erwähnt. Im 10. Jh. erfolgte die militärische Eroberung durch König Heinrich I., mit der auch gleichzeitig die Christianisierung der slawischen Gebiete einsetzte, die große Veränderungen für die ansässigen Siedler mit sich brachte. Die letzten sorbischen Stämme verloren ihre politische Unabhängigkeit.

Unter der deutschen Vorherrschaft zwischen 1150 und 1300 kamen fränkische, flämische, thüringische und sächsische Bauern in die sorbische Region. Markgrafen, Bischöfe, Äbte, Ritter und deren Untertanen, die sich ausschließlich aus deutschen Eroberern zusammensetzten, wurden die herrschende Schicht im eroberten sorbischen Gebiet.

Im Laufe der Zeit wurde die sorbische Bevölkerung in die Minderheit gedrängt. Sie hat sich jedoch in der Niederlausitz (vorwiegend in Teilen des Spreewaldes) bis heute trotz zahlreicher Unterdrückungs- und Assimilierungsversuche des preußischen Staates im 19. Jh. und schwerer Repressionen zur Zeit des Nationalsozialismus eine eigenständige Kultur mit einer eigenen niedersorbischen Sprache erhalten. Allerdings ist der Gebrauch dieser Sprache in den letzten Jahrzehnten stark zurückgegangen, bedingt durch viele deutschsprachige Zuwanderer nach 1945 und einen starken Wegzug der jungen einheimischen Bevölkerung seit 1990.

Der Spreewald ist eine historisch gewachsene Natur- und Kulturlandschaft in der Niederlausitz. Er ist ca. 16 km breit und 75 km lang. Eine Gesamtlänge von 970 km betragen die Fließgewässer, die durch die Spree in das Baruther Urstromtal gegraben wurden. Diese besonders faszinierende Niederungslandschaft, die von deutschen und sorbisch-wendischen Kultureinflüssen geprägt wurde, ist einmalig in Mitteleuropa.

In der Vergangenheit konnten die weit verstreut liegenden Höfe im Spreewald nur mit dem Kahn erreicht werden. Bis heute hat sich dieses einfache Verkehrsmittel bewährt.

Durch den anwachsenden Tourismus gewann der Bootsverkehr mit dem Spreewaldkahn zunehmend an Bedeutung. Auf den endlos erscheinenden Wasserwegen suchen die Besucher Ruhe und Entspannung in der Abgeschiedenheit der Natur. Aus dem Bedürfnis der Besucher, sich stärker der Natur zuzuwenden und der Großstadt den Rücken zu kehren, entstand ein neues Arbeitsgebiet: die touristische Kahnfahrt auf den Kanälen der Spree. Auch das Gaststätten- und Hotelwesen gewann an Bedeutung und entwickelte sich dementsprechend weiter.

Die Landwirtschaft des Spreewaldes ist durch kleingliedrige Anbauflächen geprägt, da Fließe und Kanäle die Fläche stark strukturieren. Der Anbau von Getreide und Kartoffeln ist deshalb kaum möglich. Aus diesem Grund bestimmte die Gemüseproduktion auf kleinsten Flächen immer stärker die Produktpalette.

In der Vergangenheit hielten die Bauern des Spreewaldes Vieh für ihren Eigenbedarf und bauten Kohl, Rüben, Hirse, Möhren, Zwiebeln, Buchweizen, Lein, Erbsen, Weizen, Roggen und Gerste an. Durch ihre isolierte Lage kamen sie nur schwer mit anderen Regionen in Kontakt, um ihre Produkte zu vermarkten. Neben Ackerbau und Viehzucht betrieben sie auch den Tabakanbau, die Fischerei, die Leineweberei und Tuchmacherei sowie das Braugewerbe. Durch verbesserte Infrastrukturen kamen sie mit anderen Regionen Europas in Verbindung.

Auch das Gemüse auf den immer feuchten Böden gedieh außerordentlich gut und war schmackhaft. Dies machte die Produkte sehr begehrt, und es entwickelte sich daraus ein reger Handel mit Kaufleuten aus Berlin, Hamburg oder Böhmen. Die Händler fuhren immer öfter in den Spreewald und kauften große Mengen von Gemüse auf. Besonders die Gurken waren sehr beliebt. Bis heute gehören z. B. die knackige »Spreewaldgurke«, der »Spreewälder Meerrettich« und das »Spreewälder Leinöl« zu den begehrten Produkten der Region.

Gegenwärtig produzieren die Landwirtschafts- und Produktionsbetriebe des Spreewaldes und der Lausitz Gurken, Meerrettich, Zwiebeln, Erdbeeren, Majoran, Sauerkraut, Kürbis, Sellerie, Rote Bete, Rotkohl, Lein, Leinöl, Milch und Rindfleisch. Viele dieser Produkte werden frisch verkauft.

Mit der ständigen Veränderung des Spreewaldgebietes entwickelte sich auch die Viehwirtschaft weiter. Auf ausgedehntem und naturbelassenem Weideland (feuchten Wiesen) wächst hervorragendes Futter für eine ökologische Rindfleisch- und Milchproduktion. Deshalb wurde erneut Wald gerodet, und es entstanden weitere Weideflächen mit größeren Tierbeständen. Bei der Bevorratung von Heu für das Vieh ergaben sich jedoch große Probleme, denn Überschwemmungen vernichteten vielfach das Futter. Das Heu und die Rinder mussten jeden Winter in die bäuerlichen Wirtschaften transportiert werden.

Neue Produktionsstätten und Verarbeitungsbetriebe sind im Spreewald und im Lausitzgebiet entstanden. Die heutige Landwirtschaft des Spreewaldes bewegt sich zwischen Wahrung von Tradition und der Einführung neuer Produktionsformen und -techniken. Daraus ergibt sich der Widerspruch, dass durch den Wegfall der traditionellen Anbaumethoden und der kleinen Anbauflächen möglicherweise auch die »Romantik des Spreewaldes« verloren gehen könnte.

Etlichen Bauern wurde es unmöglich, mit dem geringen Einkommen ihre Existenz zu bestreiten. Sie gaben deshalb ihre kleinen Wirtschaftshöfe auf und wandten sich dem Tourismus zu. Trotzdem sieht man eine Chance für die Region im großflächigen Gemüseanbau und in der Fleisch- und Milchproduktion mit Hochlandrindern, die auch in den Wintermonaten ihre Weideplätze nicht verlassen müssen.

Die Zukunft der Braunkohle spielt für die Menschen in der Lausitz eine große Rolle. Den Ängsten vor der Erschließung neuer Abbaustätten und einer damit verbundenen möglichen Umsiedlung stehen Befürchtungen vieler Werktätiger vor dem Verlust des Arbeitsplatzes gegenüber.

Die Sorben und ihre Kultur

Die Sorben (deutsch auch Wenden genannt) sind ein westslawisches Volk und in Deutschland als nationale Minderheit anerkannt. Ihre Heimat ist die Nieder- und Oberlausitz, die in den Bundesländern Brandenburg und Sachsen liegt. Neben ihrer Sprache und Kultur haben sie eine offizielle Flagge und Hymne als Ausdruck ihrer Identität.

Es existieren zwei sorbische Schriftsprachen, das Niedersorbische in der Niederlausitz und das Obersorbische in der Oberlausitz. Die erstgenannte Sprache steht dem Polnischen, die zweite dem Tschechischen näher. Von den rund 60 000 Sorben gibt es nach Schätzungen heute nur noch 20 000 bis 30 000 Menschen, die aktiv Sorbisch sprechen, davon etwa ein Drittel Niedersorbisch.

Durch den Einigungsvertrag von 1990 wurde die staatliche Unterstützung gegenüber dem sorbischen Volk bekräftigt, die Bewahrung und Entwicklung der sorbischen Kultur und ihrer Traditionen gewährleistet und die Freiheit zur Pflege und Bewahrung der sorbischen Sprache im öffentlichen Leben garantiert. Das kulturelle Zentrum der Niedersorben in Brandenburg ist Cottbus.

Im Jahre 1912 gründeten die Sorben mit der »Domowina« (Heimat) ihre zentrale Interessenvertretung. Der Dachverband sorbischer Vereine und Vereinigungen umfasst bis zu 6 000 Mitglieder.

Die Print- und Hörfunkmedien versorgen die Bevölkerung mit individuellen Nachrichten. So erscheinen die niedersorbische Wochenzeitung »Nowy casnik« (Neue Zeitung) sowie weitere Wochen- und Monatszeitschriften. Es gibt den Sorbischen Rundfunk, dessen Programme vom Rundfunk Berlin-Brandenburg und vom Mitteldeutschen Rundfunk produziert werden. Von den Sendern in Calau (RBB) und Hoyerswerda (MDR 1) werden mehrstündige sorbischsprachige Radiosendungen ausgestrahlt. Abgestimmt auf junge Hörer sind das Monatsmagazin »Bubak« und das Wochenmagazin »Radijo Satkula«. RBB und MDR senden außerdem monatlich Fernsehmagazine in sorbischer Sprache.

Der »Bautzener Bürgereid«, ein historischer Text in obersorbischer Sprache aus dem Jahr 1532, ist die älteste überlieferte Sprachquelle. Bis ins 19. Jh. beschränkte sich die geschriebene und gedruckte sorbische Literatur fast ausschließlich auf religiöse und wirtschaftliche Inhalte. Im Jahre 1548 übersetzte Miklawusch Jakubica das Neue Testament *handschriftlich* ins Sorbische. Ein wendisches Gesangbuch von Albinus Moller, verbunden mit der Übersetzung des Kleinen Katechismus Martin Luthers, ist 1574 das erste *gedruckte* Werk im Niedersorbischen. Im Obersorbischen ist es eine zweisprachige Ausgabe, wendisch und deutsch, des Kleinen Katechismus von Wenceslaus Warichius aus dem Jahre 1597.

Sorbische Lieder, Märchen und Sagen wurden in der Vergangenheit von der Bevölkerung weitererzählt. Viele dieser mündlichen Überlieferungen gingen in die deutschsprachige Literatur ein. Der erfolgreiche deutsche Kinderbuchautor Otfried Preußler, 1923 geboren, nutzte sorbische Stoffe und verarbeitete sie in seinen Büchern. Zu seinen bekanntesten Werken gehören »Der kleine Wassermann«, »Der Räuber Hotzenplotz«, »Krabat«, »Das kleine Gespenst« und »Die kleine Hexe«. Seine Bücher erreichten mit 50 Millionen gedruckten Exemplaren eine hohe Popularität.

Mit der Entwicklung des Nationalgefühls im 19. Jh. entstand auch eine eigenständige moderne sorbische Literatur, als deren Begründer der Klassiker Handrij Zejler (1804–1872) gilt. Im 20. Jh. war es vor allem der sorbische Schriftsteller Jurij Brězan (1916–2006), der Romane, Erzählungen und Kinderbücher verfasste, die er sowohl in obersorbischer Sprache als auch auf Deutsch schrieb. Seine Werke wurden in 25 Sprachen übersetzt. Zu einem der wichtigen Werke der klassischen sorbischen Musik gehört das Oratorium »Frühling« des Kompo-

■ *Diese Kopie, die zwischen 1831 und 1837 entstanden ist, befindet sich im Kleist-Museum Frankfurt (Oder). Sie stellt Heinrich von Kleist (1777–1811) dar, einen deutschen Dramatiker, Erzähler, Lyriker und Publizisten. Er wählte in Berlin den Freitod. Die Originalminiatur von 1801 ist von Peter Friedel. Sie wird in der Staatsbibliothek Berlin aufbewahrt.*

■ *Auf den Schweizaufenthalt Kleists von 1802/1803 weist eine Gedenktafel am Thuner See hin.*

■ *Ein Fenster der Dorfkirche von Uckro mit einer Glasmalerei aus dem Jahre 1911.*

■ *Thomas Müntzer (um 1489–1525) studierte u. a. in Frankfurt (Oder) an der Viadrina. Er war evangelischer Theologe und wurde im Deutschen Bauernkrieg zur Leitfigur in Thüringen.*

■ *Garten- und Landschaftsarchitekt Peter Joseph Lenné (1789–1866) wurde in Bonn geboren. Er schuf viele Parkanlagen und Gärten in Brandenburg.*

■ *Baustelle des Großflughafens Berlin Brandenburg, International, BBI. Der Flughafen liegt auf dem Gebiet der Gemeinde Schönefeld an der südlichen Stadtgrenze Berlins.*

nisten Karl August Katzer (1826–1904) auf einen Gedichtzyklus von Handrij Zejler sowie die Ouvertüre zum Singspiel »Die Todesgöttin« von Jurij (Georg) Pilk (1858–1926). Pilk war sorbischer Historiker, Heimatforscher, Musiker und Komponist.

Im Deutsch-Sorbischen Volkstheater von Bautzen, das zur Oberlausitz (Sachsen) gehört, werden Werke in deutscher, aber auch in ober- und niedersorbischer Sprache aufgeführt.

Viele Traditionen und Bräuche der Sorben haben sich bis heute erhalten. Verbreitete Bräuche in der Niederlausitz sind die Fastnacht mit dem dazugehörigen Zampern, das Osterfeuer, das Maibaum-Aufstellen und der Erntebrauch des Hahnrupfens. Alle diese Bräuche orientieren sich am Kreislauf der Natur. Nach ihrem heidnischen Ursprung dienten sie zur Austreibung des Winters und der Erhaltung der Fruchtbarkeit.

Dabei nimmt das Ei als Fruchtbarkeitssymbol einen besonderen Platz ein. Die geschmückten und bemalten Ostereier wurden an Verwandte und Freunde verschenkt. Die dem Ei innewohnende Fruchtbarkeit sollte auf den Beschenkten übergehen. Daraus entwickelte sich die spezielle sorbische Kunst des Eierbemalens (Abb. S. 162). Hierbei werden unterschiedliche Techniken angewendet.

Das wohl ausgiebigste und ausgelassenste Fest der Niederlausitz ist der »Zapust«, die Fastnacht. In den Dörfern wurde das Leben größtenteils durch den Rhythmus des Arbeitsjahres mit Saat und Ernte bestimmt. Wenn im Herbst die Tage kürzer wurden und die Erntezeit beendet war, kam die »Spinte« (Spinnzeit). Dann trafen sich die Mädchen des Dorfes erstmalig nach der Kirmes im Oktober und verbrachten die Abende zum Spinnen bis zur Fastnachtszeit. Die Mädchen durften erst nach ihrer Konfirmation daran teilnehmen. Zur Auflösung der jährlichen »Spinte« holten sich die Burschen die Mädchen zum »Zapust«.

Von Mitte Januar bis Anfang März feiern Tausende von Bewohnern in den Dörfern um Cottbus dieses Fest. Die niedersorbische Fastnacht ging über eine ganze Woche. Heute dauert der »Zapust« nur noch drei Tage. Jeder Bursche bekommt von seiner Partnerin zum Fest einen Zapuststrauß aus Papierblumen. Dieser wird an Hut oder Revers geheftet. Nach einem Tanz im Saal formiert sich der Festzug, um durch das Dorf zu ziehen. Dabei werden Besuche bei verdienstvollen Bewohnern abgestattet. Diesen wird ein Zapuststrauß überreicht, und die Kapelle spielt ein Ständchen für den Ehrentanz. Die Geehrten geben einen kleinen Imbiss oder eine Gabe für die Fastnachtskasse. Am Abend finden sich alle zum Fastnachtstanz im Dorfkrug ein. Die Überlieferung sagt: »Zur Fastnacht muss fleißig getanzt werden, wenn der Flachs gut gedeihen soll. Damit der Flachs schön lang wird, soll man hoch springen oder mit einem großen Burschen tanzen.«

Der letzte Tanzabend der Fastnacht ist den Ehepaaren vorbehalten. Hierbei haben die sorbischen Frauen ihre festliche Tracht angelegt.

Die Jugend trifft sich dagegen zum Eieressen. Die Männerfastnacht beendet in vielen der Dörfer die fröhliche und ausgelassene Zeit.

Der historisch ältere Bestandteil des »Zapustes« ist das »Zampern«. Das Wort stammt vom sorbischen »Heischen« oder »Einfordern«. Die Wurzeln hierfür liegen in vorchristlichen Glaubensformen wie dem Fruchtbarkeitszauber, dem Begrüßungs- und dem Abwehrzauber. Die Menschen wählten magisch-kultische Elemente wie die Maskierung und Verkleidung.

Zu den ältesten Vermummungen gehörte eine Verkleidung mit der Bezeichnung »Der Tote trägt den Lebendigen«. Andere Maskierungen waren der »Schimmelreiter« und der »Storch« als Symbol des beginnenden Frühlings oder der »Bär« als Symbol des abziehenden Winters.

Durch Lärmen und Musizieren, Rutenschlagen und Tanzen sollten Dämonen, böse Geister, Gespenster vertrieben und Gefahren abgewendet werden.

Die »Zamperer« tragen Weiden- und Birkenruten mit sich. Sie berühren Erwachsene und Kinder mit dieser »Lebensrute«, die die im Frühjahr steigenden Lebenskräfte symbolisch übertragen soll. Dabei ziehen die Menschen in bunten Kostümen oder gruseligen Maskeraden durch die Orte und rasseln und trompeten den Winter weg.

Die »Zamperer« klopften und klopfen auch heute an jede Tür und fordern bei den Dorfbewohnern Gaben für das »Zampernessen«. Der Festschmaus, das »Verprassen« von Speck, Eiern und Spirituosen findet teilweise in den Dorfgaststätten, aber auch im eigenen Haus oder in der Schmiede statt.

Die Formen der Feste und die Kostüme in der Lausitz haben sich im Laufe der Zeit gewandelt. Heute ist in vielen Städten und Dörfern der Niederlausitz auch der Karneval eingezogen.

Handel, Verkehr und Wirtschaft

Entwicklung der Städte

An den historischen Kreuzungspunkten der das brandenburgische Land durchquerenden Handelsstraßen kam es über die Jahrhunderte hinweg zur Entwicklung von neuen Ortschaften. Aus den frühen Marktflecken entwickelten sich rasch größere Städte, die neue Wege für Kommunikation, Handel und Gewerbe erforderlich machten. Bestehende Verkehrsverbindungen wurden für die Händler und die Reisenden befestigt, das Wege- und Straßennetz erweitert und verbessert. Postkutschen, Kaleschen und mehrspännige Wagen fuhren über das Land.

Kanäle wurden neu angelegt und Flussläufe weiter ausgebaut, um Städte zu verbinden. Bereits 1620 wurde der erste Bau des Finowkanals zwischen Havel und Oder fertig gestellt.

Entwicklung der Bahn

Im 19. Jh. begann mit der Entwicklung der Eisenbahn auch der Ausbau des Streckennetzes. Was vorher mit dem Fuhrwerk bewältigt wurde, kam jetzt auf die Schiene. Mit dem erfolgreichen Einsatz der Eisenbahn als Transportmittel und der Erweiterung der Bahnstrecken vervielfältigten sich Warenumschlag und Reisetätigkeit.

Viele Orte und Städte wurden an das neue Netzwerk der Bahn angebunden. Auch von den märkischen Landgütern wurden Gleise im Schmalspurformat gelegt und an das lokale Eisenbahnnetz angeschlossen. Erst waren es landwirtschaftliche Produkte, später vor allem industrielle Güter, die zu den Orten der Weiterverarbeitung und zu den wachsenden Märkten des Landes gebracht werden mussten.

Berlin-Görlitz

Die Eisenbahnstrecke von Berlin nach Görlitz wurde im Frühjahr 1865 begonnen. Vom späteren Görlitzer Bahnhof in Berlin ausgehend, konnte im September 1866 das erste Teilstück Berlin-Cottbus dem Personenverkehr übergeben werden. Die Linie der Bahn führte dabei über Königs Wusterhausen und Lübben. In Görlitz wurden die Arbeiten im September 1865 begonnen. Der Verkehr auf der gesamten Strecke von Berlin über die Lausitz mit dem Spreewald bis nach Görlitz wurde im Jahre 1867 aufgenommen.

Zu Beginn des 20. Jh. nahm der Personenreiseverkehr generell in Brandenburg zu. Kureinrichtungen und Bäderorte entstanden. Das nahe Umfeld Berlins erlangte durch den sich zügig entwickelnden Nahverkehr ebenfalls eine rasche Anbindung, und Ausflugsziele sowie Kurorte waren nun schnell und bequem von der Hauptstadt zu erreichen.

Gegenwärtig sind wichtige Eisenbahnstrecken für den Verkehr weiter ausgebaut, andere jedoch aus wirtschaftlichen Gründen wieder geschlossen worden. Die Großstadt Berlin mit ihrem neuen Hauptbahnhof ist dabei ein Drehkreuz für den Bahnverkehr zwischen Ost und West in Europa geworden, dessen Streckennetze durch Brandenburg führen.

Anwachsende Handels- und Bautätigkeit

Durch die anwachsende Handels- und Bautätigkeit am Ende des 19. Jhs. verstärkte sich auch erneut der Ausbau der Wasserstraßen in Brandenburg. Große Flüsse wurden durch die Errichtung weiterer Kanäle und Schleusen miteinander verbunden, um ökonomisch und im großen Umfang Produkte sowie Bau- und Heizmaterialien zu transportieren. Auch innerhalb der Städte wurden Kanäle angelegt, um z. B. Ziegelsteine an die neuen Baustellen in Berlin, Potsdam und Brandenburg zu befördern.

Schleusen erwiesen sich als notwendig, die unterschiedlichen Höhen der Wasserläufe für die Schifffahrt auszugleichen. Notwendige Vor- und Stadtschleusen wurden in der Mark Brandenburg errichtet. Schiffe fuhren nun von der Havel über die Kanalverbindungen zur Oder und Elbe und konnten so ihre Lasten sogar in den Häfen der Nord- und Ostsee löschen.

Autobahnausbau

Die bereits vorhandenen historischen Straßenverbindungen wurden zu Fernverkehrsstraßen ausgebaut, um schneller und flexibler den mit der Industrialisierung einhergehenden Warenaustausch zu bewältigen. In den 30er-Jahren des 20. Jh. kam es mit der Weiterentwicklung der Automobilindustrie zum Bau von Autobahnen, die noch schnellere Transportmöglichkeiten auf den Straßen zuließen.

Heute gehören zur Infrastruktur Brandenburgs sanierte und erweiterte Autobahnen und Bundesstraßen, die das Land in alle Richtungen durchqueren.

Vom südlichen Berliner Ring A10 führt die A12 nach Frankfurt (Oder), und die A13 verläuft in Richtung Dresden. Vom Abzweig Dreieck Spreewald geht danach die A15 südlich an Cottbus vorbei bis Forst und führt weiter bis an die Grenze zur Republik Polen.

Wirtschaft

Zu den bedeutenden Wirtschaftsstandorten des Südostens der Mark Brandenburg gehört Cottbus, die Metropole der Niederlausitz.

Hier spielen die Branchen der Energiewirtschaft und Energietechnologie, der Informations- und Kommunikationstechnologie, die Metallerzeugung, die Metallbearbeitung und -verarbeitung, die Mechatronik, die Schienenverkehrstechnik und die Ernährungswirtschaft eine bedeutende Rolle.

Standortprägende Unternehmen der Stadt Cottbus sind Vattenfall Europe Mining & Generation AG, die envia Mitteldeutsche Energie AG und die Carl-Thiem-Klinikum GmbH.

Das Wissenschafts- und Forschungspotenzial der Stadt ist an den Hoch- und Fachhochschulen konzentriert. Die Brandenburgische Technische Universität Cottbus (BTU) ist die einzige technische Universität im Land Brandenburg mit den Fakultäten: Mathematik, Naturwissenschaften und Informatik sowie Architektur, Bauingenieurwesen und Stadtplanung, Maschinenbau, Elektrotechnik und Wirtschaftsingenieurwesen, Umweltwissenschaften und Verfahrenstechnik.

Die Hochschule Lausitz (FH) bildet weitere Fachbereiche am Standort Cottbus aus. Es sind die Bereiche: Architektur, Bauingenieurwesen, Versorgungstechnik, Musikpädagogik, Sozialpädagogik und Gerontologie.

Zu den Zielen der Lehreinrichtungen der Stadt gehört auch die Ausbildung zum Bachelor oder Master of Science im Studiengang Life Science. Die Qualifizierung der Studierenden in den Themenschwerpunkten: Bioprozesstechnik, Bioinformatik, Molekularbiologie, Biologie und Chemie von Naturstoffen gehört zur Ausbildung. Dieses Lehrprofil entspricht den Anforderungen des Berufsbildes einer interdisziplinären Tätigkeit in Industrie und Forschung und wurde in Abstimmung mit der Industrie und Verbänden erstellt.

Trotz aller Bemühungen, den Mittelstand zu fördern und den Standort Cottbus wirtschaftlich zu stabilisieren, ist die hohe Arbeitslosigkeit ein großes Problem in der Region.

An der Europa-Universität Viadrina in Frankfurt (Oder) sind die Fakultäten Rechtswissenschaft, Kulturwissenschaften und Wirtschaftswissenschaften vertreten. Sie sind in ihrer Lehr- und Forschungstätigkeit fächerübergreifend ausgerichtet und orientieren sich an internationalen Standards. Das moderne Sprachenzentrum und eine mit neuester Informationstechnologie ausgestattete Bibliothek bieten den Studierenden gute Bedingungen für die Ausbildung.

Historische Baudenkmale und Parkanlagen

Baumeister des 18./19. Jahrhunderts

Die Substanz der noch erhaltenen brandenburgischen Baudenkmale öffnet ein kleines Fenster in die Vergangenheit. Es gewährt Einblick in das Leben von Geistlichkeit, Adel, Bürgertum und das der einfachen Leute der Mark.

Theodor Fontane beschrieb in seinen »Wanderungen durch die Mark Brandenburg« (1862–1882) ausführlich Landschaft, Architektur und Menschen der Region.

Große Baumeister haben die Architektur in Brandenburg geprägt. Der Baumeister David Gilly (1748–1808) war Sohn hugenottischer Einwanderer in Schwedt (Oder). Er war Land-

■ *Der Park von Stourhead (Südengland) wurde zum gestalterischen Vorbild vieler Parkanlagen des 19. Jh. auf dem europäischen Kontinent.*

■ *Hermann Fürst von Pückler-Muskau (1785–1871) war Landschaftsgestalter, Schriftsteller und Reisender.*

■ *Eine spezielle Wagenkonstruktion, die Hermann Fürst von Pückler für den Transport großer Bäume, die er im Landschaftspark von Branitz pflanzte, bauen ließ.*

■ *Mädchen in sorbischer Tracht. An den Festtagen und zu den Umzügen schmücken sich die Paare. Dabei haben alle Mädchen ihre schönen Tanztrachten mit den gestickten Seidenhalstüchern und den weißen Spitzenschürzen angelegt. Vollständig ist die Tracht aber erst mit der kunstvoll gebundenen Haube, der »lapa« (Kopfhaube oder gestecktes Kopftuch).*

■ *Zwei Bieretiketten aus der Brauerei Fürstlich Drehna mit der Abbildung des Fürsten von Lynar (oben). Die Lynars gehörten zu einem preußischen Adelsgeschlecht in der Lausitz.*

baumeister, Mitbegründer der Bauakademie in Preußen und Lehrer Karl Friedrich Schinkels (1781–1841). Er gehörte zu den wichtigsten Baumeistern des 18./19. Jh. in Preußens Brandenburg. Seine klassizistischen Bauten, durch Studienreisen nach Italien und England geprägt, vereinen die Formensprache der Antike mit gotischen Elementen.

Durch die Ernennung Schinkels zum Preußischen Oberbaurat, seine Mitgliedschaft im Senat der Königlichen Bauakademie sowie im Ministerium für Handel und Gewerbe wurde die Architektur Brandenburgs wesentlich bestimmt. Karl Friedrich Schinkels Regelwerke und Musterbücher zur Anleitung für Baumeister und Architekten bildeten den Grundstock für eine qualifizierte Bautätigkeit im Bereich von Gesellschafts- und Wohnbauten im preußischen Brandenburg.

Viele seiner Schüler, wie Friedrich August Stüler (1800–1865) und Ludwig Persius (1803–1845), führten seine Gedanken von Klarheit, Überschaubarkeit und symmetrischer Gliederung fort.

Durch die rasch voranschreitende Industrialisierung wurden immer mehr vorgeformte Elemente aus Ton, Terrakotta, Eisen und Zink industriell produziert, die sich unkompliziert in die Bauwerke einfügen ließen. Industrie und Wirtschaft erhielten in den 1860er-Jahren starke Wachstumsimpulse.

Gründerzeit

Mit der Reichsgründung 1871 kam es zur Vereinheitlichung von Maßen, Münzen und Gewichten und zu einer wirtschaftsliberalen Gesetzgebung, die die rasche ökonomische Entwicklung weiter förderte. Schwerindustrie, insbesondere Kohlebergbau und Maschinenbau, erfuhren einen kräftigen Aufschwung. Diese Faktoren führten zur »Gründerzeit«, die den Bau von Industrie-, Verwaltungs- und Wohnbauten anschnellen ließ. Die Urbanisierung der Städte nahm zu, und der Wohnungs- und Industriebau prosperierte.

Der Gründerzeitstil beeinflusste nachdrücklich das Lebensgefühl und die Wohnkultur des industriellen Bürgertums. Repräsentative Villen wurden nun nicht mehr unmittelbar an den Fabrikationsstätten, sondern als Landsitze im Umland errichtet. Dabei orientierte sich das finanziell aufstrebende Bürgertum an alten Eliten des Adels. Das Bedürfnis zur Selbstdarstellung und zur Repräsentation prägte die prächtigen Industrie- und Wohnbauten.

Bauhauskultur

Mit der Gründung des Bauhauses 1919 in Weimar begann ein neuer Abschnitt in der Geschichte von Kultur, Architektur, Kunst und Design des 20. Jh.

Unter dem Initiator Walter Gropius (1883–1969) vollzog das Bauhaus eine inhaltliche Hinwendung zur Industrie; durch Streben nach Einheit von Kunst, Handwerk und Technik wurde der Weg zur industriellen Formgebung geschaffen. Die Hochschule versuchte, mit ihrer künstlerischen Ausbildung die Trennung von Kunst und Produktion aufzuheben und Antworten auf die Fragen des Bauens im Industriezeitalter zu geben. Die Künstler wollten vorbildliche Gegenstände und Räume für eine künftig humanere Gesellschaft schaffen. Einfache, überschaubare, großzügige, funktionstüchtige und helle Industrie- und Wohnbauten, in denen der Mensch seiner Arbeit und seinen Lebensbedürfnissen nachgehen konnte, waren das Ziel. Auch in Brandenburg wurden die Denkweisen des Bauhauses auf die Architektur angewendet.

Schlösser und Gärten

Nach der Barockzeit gingen viele Gartenbaukünstler wie Peter Joseph Lenné (Abb. S. 10) und Hermann Fürst von Pückler-Muskau (Abb. S. 11) – durch Studienreisen und von englischen Vorbildern beeinflusst – dazu über, die Park- und Gartenkultur in Brandenburg zu verändern. Die natürliche und freie Gestaltung der Parkanlagen stand dabei im Vordergrund. Durch die Komposition von Baum- und Pflanzengruppen und das bewusste Einbeziehen von Freiräumen in die Landschaftsgestaltung wurden Sichtachsen und optische Höhepunkte geschaffen. So entstanden großzügige gartenkünstlerische Anlagen, die Architektur und Landschaft miteinander verbanden.

Die Parkanlagen von Potsdam-Sanssouci mit ca. 800 ha Fläche sind ein gelungenes Beispiel freier Gartenkunst. Gestaltet wurden sie, wie viele weitere Gartenanlagen in der Mark, aber auch in Berlin und Dresden, im Stil des englischen Landschaftsgartens von Peter Joseph Lenné. Die Gesamtwirkung von Natur, Architektur und Kunst bildete hier ein harmonisches Zusammenspiel.

Ein Großteil der Burgen, Schlösser und Herrenhäuser wurden nach dem Zweiten Weltkrieg fremdgenutzt, und mit der Zeit verwilderten auch die dazugehörigen Parkanlagen. Lazarette und Wohnstätten für Umsiedler oder für Menschen, die durch den Krieg ihre Wohnung verloren hatten, wurden eingerichtet. Schulen, Verkaufsstellen, Besserungsanstalten, Rehabilitations- und Heimeinrichtungen, landwirtschaftliche Produktionsgenossenschaften und Gemeinderäte hielten Einzug in diese Gebäude. Ein Teil der historischen Bausubstanzen verfiel aufgrund fehlender Mittel oder aus mangelndem Interesse. Einige Gebäude dienten als Steinbrüche. Andere wurden aus Geringschätzung historischen Kulturgutes bewusst abgetragen.

Die Zeit hat viele Wunden geheilt, und verschiedene Parkanlagen im Land Brandenburg wurden gerettet. Ein Beispiel hierfür ist der Park des Gartengestalters und Schriftstellers Hermann Fürst von Pückler-Muskau in Branitz.

Wie den Parkanlagen erging es auch oftmals den brandenburgischen Schlössern im östlichen Nachkriegsdeutschland. Ein Teil der Schlösser wurde durch die fremde Nutzung erhalten, wenngleich auf Originalität und Qualität historischer Substanzen nicht genügend Augenmerk gerichtet wurde. Einige wurden museal genutzt, andere zu Kulturhäusern umfunktioniert. Unter diesem Aspekt blieben wenigstens die Substanzen erhalten.

Auch die bewährte Architektur der Wohn- und Gartenstädte aus der Zeit des Bauhauses, unter sozialem Aspekt geplant und angelegt, erfuhr nur notdürftige Erhaltungsmaßnahmen. Nach der Wiedervereinigung Deutschlands wurden viele private und öffentliche Baudenkmale in vorbildlicher Weise restauriert, wie z. B. die Gartenstädte Paulinenhof in Frankfurt (Oder) (Abb. S. 142) und Marga bei Senftenberg.

Kunst- und Kulturentwicklung

In der Schwäbischen Alb fand man kleine Figuren, ein Mammut und zwei menschliche Darstellungen, die auf ein Alter von 35 000 Jahren datiert werden konnten. Wie in allen besiedelten deutschen Gebieten wurden auch auf dem brandenburgischen Territorium viele prähistorische Gegenstände gefunden. Das waren vor allem Töpfe, Werkzeuge, Geräte, Waffen und Schmuck aus Stein, Keramik, Bein, Horn, Gold und Bronze. In einer der deutschmittelalterlichen Siedlungen von Brandenburg grub man Kugelamphoren und Kugeltöpfe aus.

Heidnische und christliche Darstellungen zählen mit zu den ältesten kreativen Äußerungen der Menschen.

Klöster und Kirchen wurden mit aufwändigen Freskenmalereien und Mosaiken ausgestattet. Die frühen Kirchenbauten zeugen von hoher Baukultur. Taufbecken, Altäre und Kanzeln schmücken die Räume der Kirchen. Es entstanden kunsthandwerkliche Devotionalien und Skulpturen für religiöse Rituale sowie kostbare Schreine für die Aufbewahrung von Reliquien.

Der evangelisch-lutherische Pfarrer und Kirchenmusiker Paul Gerhardt (Abb. S. 8), der viele Jahre in Berlin, in Lübben und in Mittenwalde wirkte, schuf bedeutende Kirchenlieder, die zugleich den Anfang einer neuzeitlichen deutschen Lyrik markierten.

Im profanen Bereich ließen sich Adlige, Ritter, Fürsten und Könige porträtieren und in Stein verewigen, auf Münzen prägen und auf Siegeln darstellen. Auch die Fassaden von Schlössern und Herrenhäusern wurden aufwändig gestaltet oder mit figuralem Schmuck versehen.

Mit dem Einfluss des aufstrebenden Bürgertums entstanden auch Porträtdarstellungen von herausragenden Persönlichkeiten in Form von Skulpturen und Gemälden, die nicht dem Adel angehörten. Und im Zuge der Industrialisierung rückten Motive wie die Industrielandschaft und der arbeitende Mensch in den Mittelpunkt der Darstellung.

Über die Jahrhunderte und im gegenwärtigen Zeitalter der Medien haben sich Kultur und Kunst sowie ihre Darstellungsformen ständig verändert; sie bereichern die gesellschaftliche und geistige Auseinandersetzung.

Zu Kunst und Kultur in Kreisen und Städten

Viele Künstler ziehen aufs Land. Sie wenden die modernen Medien an und knüpfen für ihre Arbeit ein kulturelles Netzwerk zwischen Stadt und Land.

Zu den »Tagen des offenen Ateliers« nutzen viele Menschen die Gelegenheit, die freie Arbeit der Künstler am Ort der Entstehung kennen zu lernen.

Die Deutsch-Polnischen Musikfesttage in Frankfurt (Oder) sind das bedeutendste und traditionsreichste Musikfestival Ostbrandenburgs. Seit vielen Jahren gibt es sie, die ursprünglich als »Frankfurter Festtage der Musik« ins Leben gerufen wurden und seit Langem in enger Zusammenarbeit mit den Internationalen Musikbegegnungen »Ost-West« in Zielona Góra durchgeführt werden. Im Februar/März geben die Musiktage Gelegenheit zu vielfältiger Begegnung und fördern den Europagedanken. Die deutsch-polnischen Konzertproduktionen bereichern das kulturelle Leben der Oder-Region mit internationalen Gastspielen und regionaler Klangkunst.

Im Kleistmuseum Frankfurt (Oder) finden Lesungen und Veranstaltungen zum literarischen Erbe des Dichters statt. Die Galerie »Junge Kunst« wurde 1965 in Frankfurt (Oder) gegründet und zu Beginn der 90er-Jahre in Museum »Junge Kunst« umbenannt. Malerei, Grafik, Skulptur und Objektkunst gehören zur Sammlung. Das satirische Theater »Die Oderhähne«, das Haus der Künste, das Kleine Theater Frankfurt (Oder), das Kleist-Forum, das Theater des Lachens und das Frankfurt-Theater im Schuppen sorgen für das kulturelle Programm der Studentenstadt. Das Kleist-Forum bietet ein Programm an, das von der klassischen Oper und Operette bis zum Schauspiel, von Jazzkonzerten bis hin zu Kinder- und Schülertheater, zu Lesungen und Diskussionsforen reicht.

Das Staatstheater Cottbus gehört zu den kulturellen Besonderheiten der Region. Den Theaterbau verdankt die Stadt ihren kulturbewussten Bürgern und einer florierenden Textilindustrie an der Wende des 18. zum 19. Jh. So gestärkt wurden nun auch kulturelle Bedürfnisse bei den »betuchten« Bürgern geweckt, die 1908 in einen Theaterneubau mündeten. Zum Angebot des weit über die Region bekannten Hauses gehören Schauspiel und Oper sowie Konzerte, Ballett, Musical und unterschiedlichste Projekte eines attraktiven Spielplanes.

Die Brandenburgischen Kunstsammlungen Cottbus haben Tradition. Bereits 1977 wurde die »Galerie Kunstsammlung Cottbus« gegründet. Im Jahre 2008 erhielt das Kunstmuseum im Dieselkraftwerk Cottbus (dkw-Cottbus) eine neue Wirkungsstätte.

KARTE BRANDENBURG

Band | Der Südosten

Oberspreewald-Lausitz
Dahme-Spreewald
Oder-Spree
Frankfurt (Oder) | Stadt
Cottbus | Stadt
Spree-Neiße

Weitere Bildbände:

Band | Der Nordosten
Oberhavel
Uckermark
Barnim
Märkisch-Oderland

Band | Der Nordwesten
Prignitz
Ostprignitz-Ruppin
Havelland
Brandenburg | Stadt

Band | Der Südwesten
Potsdam-Mittelmark
Potsdam | Stadt
Teltow-Fläming
Elbe-Elster

Der Südosten

Karte Brandenburgs mit Landkreisen und kreisfreien Städten

Landkreis Dahme-Spreewald

1

Der Landkreis Dahme-Spreewald (niedersorbisch: Wokrejs Damna-Błota) befindet sich im Südosten des Landes Brandenburg. Nachbarkreise sind im Osten der Landkreis Oder-Spree, im Süden die Landkreise Spree-Neiße, Oberspreewald-Lausitz und Elbe-Elster sowie im Westen der Landkreis Teltow-Fläming. Im Norden grenzt er an die Bundeshauptstadt Berlin. Die nordsüdlich verlaufende Hauptachse des Kreises reicht von der südlichen Stadtgrenze Berlins bis zur Stadt Lübben.

Die Oberfläche des Kreises gehört zum Jungmoränenland und ist durch mehrere Eiszeiten abwechslungsreich geformt. Die heutige Fläche umfasst Teile des Berliner und des Baruther Urstromtales.

Zu den bemerkenswerten Landschaftsgebieten gehören das Dahme-Seengebiet (eine Heide- und Seenlandschaft), die Niederlausitz mit dem Naturpark Niederlausitzer Landrücken und dem Biosphärenreservat Spreewald. Ausgedehnte Kiefernwälder prägen einen Teil des mit über 40 Prozent bewaldeten Landschaftsgebietes; die landwirtschaftlich genutzte Fläche beträgt 35 Prozent.

Dieses Kreisgebiet wird vor allem durch die Flüsse Dahme, Spree und Berste sowie durch den Dahme-Umflutkanal, den

Königs Wusterhausen wurde erstmals 1320 als »hus to wosterhusen« erwähnt und 1375 mit »Wusterhusen slavica« bezeichnet und die Burg als »castrum wusterhuse« genannt. Ab Ende des 15. Jh. war der Ort im Besitz mehrerer adliger Familien, bis er 1682 in kurfürstlichen Besitz kam. Das Feste Haus, ein Renaissancebau, wurde nach dem Erwerb durch den Großen Kurfürsten barockisierend umgebaut. 1698 wurde das Anwesen dem erst zehnjährigen Prinzen Friedrich Wilhelm (I.) von seinen Eltern geschenkt, der hier 1718 seine königliche Nebenresidenz errichtete und dessen bevorzugter Aufenthaltsort das Schloss bis 1740 blieb. Hier traf sich das berühmte »Tabakskollegium« des so genannten Soldatenkönigs. Zu seinen Ehren erhielt der Ort 1717 den Königs-Zusatz.
Nach zwischenzeitlichem Verfall wurde das Gebäude 1855 für Wilhelm I. als Jagdschloss umgebaut und um 1900 nochmals erneuert. Von 1926 bis zum Zweiten Weltkrieg war es Museum. Danach unterlag es wechselnden Nutzungen, bis es im Jahre 2000 wieder als Museum eröffnet wurde.

Landgraben, den Nordumfluter wie auch durch Teile des Spreewaldes bestimmt. Mehrere kleinere und größere Seen bei Königs Wusterhausen, Teupitz und Groß Köris im Süden von Berlin und etwas weiter entfernt bei Leibsch prägen die Gewässerlandschaft.

1993 entstand der neue Landkreis Dahme-Spreewald, wozu 37 Gemeinden, darunter 8 Städte, gehören. Einige davon sind offiziell zweisprachig (deutsch, niedersorbisch). Lübben mit seinen 14 000 Einwohnern ist die Kreisstadt und wird als Tor zum Unter- und Oberspreewald bezeichnet.

Zu den wichtigsten Orten des Kreises zählen neben Lübben die Städte Königs Wusterhausen, Luckau, Mittenwalde, Märkisch Buchholz, Lieberose, Golßen und Teupitz und die Gemeinden Schönefeld, Wildau und Zeuthen.

Unweit des Schlosses Königs Wusterhausen befindet sich die evangelische Kreuzkirche. Ursprünglich war die Kirche ein neoromanischer verputzter Saalbau ohne Turm. Die Kirche wurde im 18. und 19. Jh. vergrößert und umgestaltet. Der Bau des Querhauses und des westlichen, in der Basis quadratischen hohen Turmes, der oktogonal nach oben ausläuft, erfolgte erst im 19. Jh. Dabei wurden spätklassizistische Formen aufgegriffen.

Der 33 m hohe Backsteinturm auf dem Funkerberg diente der Stadt Königs Wusterhausen von 1912 bis 1965 als Wasserspeicher. In den 90er-Jahren wurde der Turm saniert. Die Galerie »Der Turm« mit wechselnden Ausstellungen sowie ein Café wurden im Wasserturm eingerichtet.

Die ursprünglichen Gegebenheiten der Landschaft hatten einen starken Einfluss auf die Besiedlungspolitik der Region. Durch die Eroberung der Askanier und die damit verbundenen umfangreichen Waldrodungen veränderte sich die Nutzung der Landschaft, in der nach der Völkerwanderung slawische Siedler gelebt hatten. Die Kolonisation der Dörfer im 12. und 13. Jh. durch deutsche Neusiedler führte in der heute zum Kreisgebiet gehörenden Region zur Überformung altslawischer Siedlungen und zu neuen Städtegründungen.

Der Landkreis ist durch die Bundesautobahnen A10 und A13 sowie weitere Bundesstraßen mit einer guten Infrastruktur versehen. Über den im Kreis liegenden Flughafen Schönefeld (BBI, Berlin Brandenburg International) können Passagiere und Frachten in alle Welt gelangen. Aber auch über den Binnenhafen von Königs Wusterhausen, über die Flüsse Dahme, Spree und den Nottekanal ist ein direkter Zugang zum Wasserstraßennetz der Hauptstadt, Deutschlands und Europas gewährleistet.

Die heutige Kreisstadt hat bereits eine über 850-jährige Geschichte. So entstand Lübben durch die Errichtung einer altsorbischen Burg mit Burgflecken an einem ursprünglichen Spreeübergang. Diese Burg und der dazugehörige Besitz wurden bereits Mitte des 10. Jh. zu einer deutschen Burg mit Sitz eines Burggrafen. Der Ort Lübben, erstmals um 1150 als »urbs Lubin« erwähnt, entwickelte sich nach der Stadtgründung um 1200 im Schutze der Burg und zwischen den beiden Spreearmen rasch zu einem Handelszentrum. Seit dem späten Mittelalter war die Stadt Lübben Hauptort des Markgrafentums Niederlausitz.

Die Stadt ging um 1300 in das Eigentum des Klosters Dobrilugk (Doberlug-Kirchhain) über und verblieb unter dessen Herrschaft bis zum Jahre 1329. Danach wurde sie durch Herzog Rudolf von Sachsen käuflich erworben.

Nach langen kriegerischen Auseinandersetzungen gelangte Lübben 1367 zusammen mit der gesamten Niederlausitz unter die Herrschaft Kaiser Karls IV., der das Markgrafentum unter böhmische Herrschaft stellte. Bis 1422 blieben die Stadtherren von Lübben aber noch die sächsischen Fürsten.

In der Zeit der Hussitenkriege im 15. Jh. ging die Niederlausitz in die Pfandherrschaft der vom böhmischen König eingesetzten Landvögte über. Lübben wurde in dieser Zeit zu einer freien landesherrlichen Stadt, auch wenn der Landvogt Hans von Polenz (reg. 1422–1437) in der Burg zu Lübben residierte.

Im Oktober 1448 wurde die Stadt durch den Markgrafen Friedrich II. von Brandenburg besetzt. Dieser zwang die Brüder von Polenz, ihm Stadt und Schloss Lübben für lediglich 10 000 Rheinische Gulden zu verkaufen.

Aber ab 1462 stand Lübben wieder direkt unter der Herrschaft der böhmischen Könige und gelangte als Bestandteil der Krone Böhmens im Jahre 1526 unter die Herrschaft der Habsburger.

Zusammen mit der gesamten Niederlausitz kam Lübben 1635 endgültig in kursächsischen Besitz. Im Dreißigjährigen Krieg wurden die Stadt sowie die umliegende Region mehrfach Opfer von plündernden und brandschatzenden Truppen.

Im Jahre 1815 wurde die Niederlausitz nach Beschlüssen des Wiener Kongresses preußisch, das Markgrafentum wurde der Provinz Brandenburg angeschlossen, und Lübben verlor seine Funktion als Hauptstadt der Region.

In der Zeit des Nationalsozialismus wurde die Synagoge der Jüdischen Gemeinde in der heutigen Kirchstraße während der Pogromnacht 1938 geschändet und zerstört, zugleich auch der Jüdische Friedhof. Seit 1988 erinnert ein Gedenkstein an das Gotteshaus.

Mit der heranrückenden Roten Armee wurde Lübben von der SS im April 1945 zur Festung erklärt und durch die damit verbundenen heftigen Kämpfe bis zu 85 Prozent zerstört. Viele Soldaten und Zivilisten verloren dabei ihr Leben.

Heute ist Lübben wieder ein wichtiger Verwaltungsstandort des Landkreises, der sich jedoch mit dem nahe Berlin gelegenen Königs Wusterhausen die Ämter teilt.

Auch Luckau entstand um 1250 anstelle eines alten slawischen Burgwalls mit sorbischer Siedlung im Schutze einer markgräflichen deutschen Burg. Die älteste überlieferte Urkunde, die Luckau (slawisch Lukow) erwähnt, ist aus dem Jahre 1230. Aufgrund der für die Entwicklung von Wirtschaft und Handel günstigen geografischen Lage wurde Luckau bald als Stadt ausgebaut und erhielt bereits 1297 Stadtrecht. Ab 1492 war Luckau eine der wichtigsten und wohlhabendsten Städte der Niederlausitz.

Im Dezember des Jahres 1351 wurde der Luckauer Vertrag geschlossen, in dem Markgraf Ludwig der Ältere, Sohn Kaiser Ludwigs des Bayern, die Mark Brandenburg an seine Brüder Ludwig den Römer und Otto den Faulen abgab. Im Gegenzug konnte er dafür Oberbayern allein regieren.

Mit dem Prager Frieden von 1635 wurde der sächsische Kurfürst mit dem Markgrafentum Niederlausitz belehnt, welches bislang unter böhmischer Herrschaft stand. Im Dreißigjährigen Krieg bauten die Schweden die Stadt Luckau als Hauptstützpunkt aus; durch kämpferische Auseinandersetzungen erfuhr sie starke Zerstörungen. Während der Freiheitskriege 1813 wurde im Gefecht bei Luckau der Vormarsch französischer Verbände auf Berlin durch die verbündeten russisch-preußischen Truppen vereitelt.

Durch den Wiener Kongress kam die Niederlausitz von 1815 an zu Preußen. Das Markgrafentum Niederlausitz wurde aufgelöst und die Stadt Luckau der Provinz Brandenburg angeschlossen. In den Jahren 1816 bis 1952 war die Stadt somit auch Verwaltungssitz des preußischen Landkreises Luckau, von 1952 bis 1993 Kreissitz des Kreises Luckau.

Die Stadt liegt am Knotenpunkt der B87 von Torgau nach Frankfurt (Oder), der B96 von Berlin nach Zittau und der B102 nach Brandenburg an der Havel über Jüterbog. Etwa 10 km östlich von Luckau befindet sich die Autobahnanschlussstelle der A13 bei Duben.

Der Bahnhof Luckau-Uckro befindet sich an der Bahnstrecke Berlin-Dresden mit Halt einer Regionallinie von Elsterwerda nach Berlin sowie nach Stralsund und Schwedt (Oder). Der ursprüngliche Bahnhof Luckau Zentrum wurde 1995 stillgelegt. Die Strecken Luckau–Uckro und Luckau–Lübben werden nur noch im Saisonverkehr durch eine Privatbahn betrieben.

Die Gemeinde Schönefeld hat mit dem gewaltigen Ausbau des Flughafens Berlin-Schönefeld zum Großflughafen Berlin

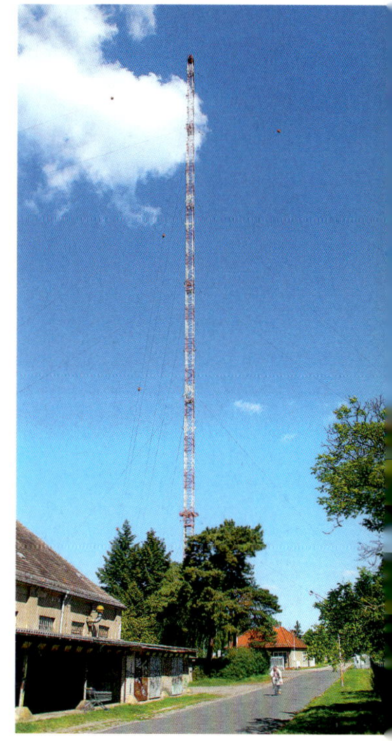

Im Jahre 1911 wurden auf dem damaligen Windmühlenberg von Königs Wusterhausen funktechnische Versuche des Militärs durchgeführt. Auf dem heutigen Funkerberg entstand eine der ältesten deutschen Funkanlagen und ein Rundfunksender, der zum 22. 12. 1920 zum ersten Mal in Deutschland ein Instrumentalkonzert ausstrahlte. Eine entsprechende Dienst und Wohnsiedlung sowie Sendehäuser und Sendemasten, wovon einer 243 m betrug, wurden errichtet.

Der rote Mohn blüht am Straßenrand von Senzig.

Die aus märkischen Klinkern errichtete Stallung eines alten Bauerngehöftes in Senzig zeugt von einfacher Baukunst. Die ornamental angeordneten Lüftungsöffnungen am Hausgiebel vermitteln Schönheit und Harmonie mit der Natur.

Brandenburg International BBI weiter an Bedeutung gewonnen. Neben Berlin-Tegel ist der Flughafen einer der beiden Verkehrsflughäfen im Großraum Berlin. Betreiberin des Flughafens ist die Flughafen Berlin-Schönefeld GmbH (FBS) mit den Gesellschaftern Berlin, Brandenburg und Bundesrepublik Deutschland. Mit der Abfertigung von 6,6 Millionen Passagieren im Jahr 2008 lag der Flughafen an achter Stelle in Deutschland.

Der Flughafen Berlin-Schönefeld liegt nur 22 km vom Berliner Stadtzentrum entfernt, das sich in nordwestlicher Richtung befindet. Der jetzige Flughafen ist mit einem Gelände von 620 ha der flächenmäßig größte Flughafen der Region. Durch den S-Bahn- und Fernbahnhof Berlin-Schönefeld ist er an den Schienenverkehr angebunden. Zwischen dem Berliner Hauptbahnhof und Schönefeld verkehrt der so genannte »Airport Express«. Auch mit verschiedenen Buslinien ist er zu erreichen. Weitere Verkehrsanbindungen zum Flughafen erfolgen über die A113 und die A10.

Im Ort Schönefeld begann man 1934 mit dem Bau der Henschel-Flugzeugwerke, wo in den Produktionsstätten bis zum Ende des Zweiten Weltkrieges Militärflugzeuge gebaut wurden. Im April 1945 wurden die Henschel-Flugzeugwerke durch sowjetische Truppen besetzt, die Betriebsanlagen für den Flugzeugbau demontiert und teilweise als Reparationsleistungen in die Sowjetunion gebracht. Andere Betriebsanlagen wurden gesprengt. Bis 1947 reparierte man auf dem Gelände Eisenbahnen, baute Landmaschinen oder setzte diese instand.

Schon zu slawischer Zeit befand sich an der Stelle von Mittenwalde ein Burgort. Im Hochmittelalter, zur Zeit des deutschen Landesausbaus nach Osten, war Mittenwalde neben Köpenick Herrschaftszentrum der Wettiner auf dem Teltow.

Nach der Niederlage Heinrich des Erlauchten 1245 im Teltow-Krieg fiel der gesamte Teltow mit Mittenwalde dauerhaft an die gemeinsam regierenden askanischen Markgrafen Johann I. und Otto III. und somit an die Mark Brandenburg.

Die Stadt entwickelte sich Mitte des 13. Jh. aus einer älteren Siedlung nahe des Salzmarktes, der unweit der askanischen Burg lag. Eine Stadtanlage, 1307 mit »civitas« bezeichnet, mit ovalem Grundriss und gitterförmigem Straßennetz entstand, woraus sich die spätere Stadt entwickelte.

Mittenwalde, einst ein blühendes Städtchen, lag nach dem Dreißigjährigen Krieg in Schutt und Asche. Nur drei Jahre später trat Paul Gerhardt (Abb. S. 8) seine erste Pfarrstelle in der Stadt an. Obwohl er große persönliche Schicksalsschläge erlitt, fand er die Kraft, die schönsten seiner 139 Kirchenlieder und Gedichte zu schreiben, die zu Volksliedern wurden und zur bedeutendsten deutschsprachigen Lyrik des 17. Jh. zählen. »Geh aus, mein Herz, und suche Freud« oder »Nun ruhen alle Wälder, Vieh, Menschen, Städt und Felder« gaben den Menschen Trost, Mut und Zuversicht.

Kulturell hat der Landkreis Dahme-Spreewald vor allem durch die Städte Luckau, Lübben und Königs Wusterhausen sowie durch viele andere im Mittelalter entstandene Orte dem Besucher viel zu bieten. Die seenreichen Gebiete um Teupitz und der beginnende Spreewald gehören mit zu den schönsten Landschaften Brandenburgs.

Denkmal für Friedrich Ludwig Jahn (1778–1852) auf dem Marktplatz der Stadt Mittenwalde, das dem »Turnvater« vom Turnsportverein der Stadt um 1912 errichtet wurde. Jahn war der Initiator der deutschen Turnbewegung, die mit der frühen Nationalbewegung in Preußen verknüpft war. Sie entstand, um die Jugend auf den Kampf gegen die napoleonische Besetzung vorzubereiten.

Am Marktplatz, der im frühen Mittelalter als Salzmarkt genutzt wurde und der heute von einer alten Eiche beherrscht wird, befindet sich das Heimatmuseum Mittenwalde. Eine ehemalige Schwarze Küche und eine Puppenstubensammlung aus dem 19./20. Jh. bereichern die Ausstellung.
Das Fachwerkhaus am Salzmarkt Nr. 5 wurde mit dem Ziel restauriert, das Gebäude nach der Fertigstellung als Museum zu nutzen. Im Jahre 2001 erfolgte die Übergabe des Hauses an den Heimatverein Mittenwalde e.V.

Der aus Feld- und Backsteinen errichtete 25 m hohe und 8,45 m starke Pulverturm von Mittenwalde war Teil der historischen Stadtbefestigung.

Eine Mauer mit zwei Stadttoren umschloss die Stadt. Vom Berliner Tor ist nur noch das Vortor erhalten.

Südlich des dreieckigen Marktes steht die aus Backsteinen errichtete Pfarrkirche St. Moritz von Mittenwalde aus dem 14. Jh. Sie ist eine dreischiffige Hallenkirche, an deren Ort sich zuvor ein Feldsteinbau aus dem 13. Jh. befand. Durch Baumaßnahmen in den folgenden Jahrhunderten wurde das Äußere der Kirche mehrfach verändert.
Diese Kirche gehört zu den Wirkungsstätten von Paul Gerhardt (Abb. S. 8) in Brandenburg. Ein Denkmal für ihn steht im Kirchgarten.

Der Ort wurde 1294 bei der Verleihung des Gutes Straupitz an Dietrich von Ylohw durch den Lausitzer Markgrafen Dietrich erstmals urkundlich erwähnt. Im Jahre 1567 kam Hieronimus von Minckwitz vermutlich durch seine zweite Frau Katharina zur Herrschaft in Straupitz.
Wegen seiner Verdienste im Krieg bekam der General Christoph von Houwald (schwedischer Herkunft) im Jahre 1655 die Möglichkeit, den Marktflecken Straupitz zu erwerben. Unter der Leitung Houwalds und seiner Nachfahren entwickelte sich Straupitz zu einem prosperierenden Marktflecken am nördlichen Rand des Spreewaldes. Das alte Wasserschloss wurde im 17. Jh. zu einem prächtigen Schloss umgebaut. Weitere Bauten wie eine Brennerei, eine Gärtnerei und eine repräsentative Villa als Sitz des Altenteils sowie ein 12 ha großer Landschaftspark entstanden.
Seit mehr als fünf Jahren findet im Schloss der »Straupitzer Freitag« mit Konzerten, Liedern und Kabarettveranstaltungen statt.

Nahe dem Schloss befindet sich der Kornspeicher. Der historische Fachwerkbau von 1798 diente bis 1992 zur Lagerung von Getreide, und im Jahre 2004 wurde das Speicherhaus saniert. Neben einer Ausstellung zur Dorfgeschichte gibt es eine Töpferwerkstatt und eine Ladengalerie.

Zwischen 1828 und 1832 entstand nach Plänen von K. F. Schinkel die Dorfkirche. Es handelt sich um einen doppeltürmigen Bau, der das Panorama von Straupitz prägt. Der klassizistische Kirchenbau wurde durch den Zweiten Weltkrieg beschädigt und verfiel in der Nachkriegszeit. Nach der Wende wurde die Kirche saniert und erstrahlt seit 1993 in neuem Glanz.

Die Südseite des winterlichen Schlosses von Lübben.

Das nördliche Portal zum Turm. Oberhalb des Einganges befindet sich ein 1914/1915 von Hermann Engelhardt geschaffenes Relief, das den Wechsel der Lausitz von Sachsen nach Preußen darstellt.

Das Schloss Lübben wurde anstelle einer Wasserburg aus dem 12. Jh. errichtet. Das dreigeschossige Schloss von 1682, im Stil der Spätrenaissance, versah man mit einem über beide Obergeschosse reichenden Saal.
Der nach Osten zeigende Renaissancegiebel gehört zu den besonderen architektonischen Sehenswürdigkeiten des Schlosses. Teile der Anlage wie das Nordportal, die Turmgalerie und der Saal wurden zu Beginn des 20. Jh. im Stil der deutschen Renaissance ausgestaltet. Gegenwärtig befindet sich das Stadt- und Regionalmuseum in diesen Räumen. Die Geschichte der Niederlausitz, ihrer Kunst und Kultur, insbesondere der Stadt und des Altkreises Lübben, werden in den Ausstellungsräumen präsentiert.

An der nördlichen Seite des Schlosses von Lübben befindet sich ein prunkvolles Portal mit Sitznischen. Der Eingang wird von Doppelsäulen flankiert. Im Giebel ist das Wappen der Niederlausitz von 1682 zu sehen.

Ein gewölbter Gang verbindet das Schloss mit dem Turmhaus.

Eine ungewöhnliche Skulptur vor dem Schloss von Lübben lädt die Passanten zum Schlossbesuch ins Museum ein. Nach Jahren der Planung und Vorbereitung durch die Stadtverwaltung ging der Wunsch nach einem eigenen Museum in Erfüllung. Seit 2001 ist das Stadt- und Regionalmuseum geöffnet. Entstanden ist ein lebendiges Museum zum Sehen – Anfassen – Mitmachen, zum Schmunzeln und Nachdenken. Es zeigt die Geschichte und Kultur einer über 850 Jahre alten Stadt der Niederlausitz.

In der Kreisstadt des Landkreises Dahme-Spreewald, am Ortseingang von Lübben, befindet sich das Paul-Gerhardt-Gymnasium. Es wurde am 15. Oktober 1914 eingeweiht. Über 500 Schüler besuchen die Schule, die den Namen des bekannten Pfarrers und Kirchenmusikers trägt.

Der Marktplatz von Lübben.

St. Nikolai am Marktplatz wurde in Paul-Gerhardt-Kirche umbenannt, weil der bekannte Pfarrer in der Stadt seine letzte Wirkungsstätte hatte. Von 1669 bis zu seinem Tode (1676) war Paul Gerhardt hier tätig. Neben dem Gotteshaus steht seit 1907 ein Bronzedenkmal des Pfarrers und berühmten Kirchenmusikers auf einem Kalksteinsockel. Der Bildhauer Friedrich Pfannschmidt gestaltete das Denkmal. Die einstige Kirche St. Nikolai ist ein dreischiffiges spätgotisches Backstein-Hallenlanghaus mit Chorraum. Sie wurde vermutlich unter Einbeziehung von Teilen eines Vorgängerbaus zwischen 1494 und 1550 errichtet.
Der Westturm aus der Mitte des 15. Jh. gilt als der älteste Teil der Kirche. Der achteckige Turmaufsatz, den bis 1945 eine geschwungene Haube mit hoher Laterne und Spitze krönte, wurde im Jahre 1782 errichtet. Er brannte jedoch im April 1945 aus. Die Haube und Turmzwischendecken wurden dabei zerstört, und nur das Gewölbe des Turmraumes blieb erhalten. Im Jahre 1950 wurde das Mauerwerk des Turmes gesichert, doch seine endgültige Wiederherstellung erfolgte erst 1988.
Porträts von Persönlichkeiten, die durch ihr Leben und Werk mit der Geschichte der evangelischen Kirche verbunden sind, wurden im Jahre 1930 in das Kirchenportal eingefügt. Es sind die Köpfe von Martin Luther, Johann Hinrich Wichern, Georg Friedrich Händel, August Hermann Francke, Johann Sebastian Bach und Philipp Melanchthon.

■ *Flüsse und Wiesen sind reichlich mit Schnee bedeckt, sodass Wasser und Land miteinander verschmelzen. Eine weiße ungewöhnliche Landschaft mit vielen optischen Reizen breitet sich aus. Die für den Spreewald sonst so wichtigen Brücken bleiben heute ungenutzt.*

■ *Die Kanäle bei Lübben sind zugefroren, und viele Sonntagsausflügler haben sich in den Spreewald begeben. Die Schlittschuhläufer wärmen sich vor dem Start noch einmal mit einem Schluck Glühwein auf.*

Nahe am See steht die evangelische Kirche von Groß Köris, die von Georg Büttner geplant und zwischen 1914 und 1916 von dem Architekten Hans Palm erbaut wurde.

Das Boot mit der Gaststätte »Zum Klabautermann« liegt am Ufer des Sees von Groß Köris.

Ein »spritziges« Motorboot auf dem Klein Köriser See.

■ *Die Spree bei Leibsch ist zugefroren, und Teile von Fluss und Landschaft sind mit »Puderzucker« bedeckt.*

■ *Rechts: Die Flügel der Windräder setzen sich kontrastreich gegen den abendlichen Himmel ab, ehe sie ganz im Dunkel der Nacht verschwinden.*

■ *Der Lein (Linum usitatissimum), vielerorts auch als Flachs bekannt, wurde schon vor über 10 000 Jahren zur Herstellung von Stoffen verwendet.*

■ *Die Kirche auf dem Friedhof von Bornsdorf wurde vermutlich in den Hussitenkriegen des 15. Jh. zerstört.*

■ *Napoleon weilte im Juli 1813 bei einer Truppeninspektion in Luckau. Dabei nahm er Quartier an der Stadtmauer, in der oberen Etage des Sommerhauses des Kaufmanns Vogt, der damals der reichste Mann der Stadt war.*

Der größte Teil des Rathauses von Luckau stammt aus dem 17. Jh. Der ursprüngliche Renaissancebau wurde im 19. Jh. erweitert und im klassizistischen Stil gestaltet.

Blick in den kleinen Saal des Rathauses von Luckau.

Der Marktplatz von Luckau wird von zahlreichen Giebelhäusern aus dem 17. Jh. umsäumt. Einige dieser Bauten sind von italienischen Baumeistern mit prächtigen Fassaden versehen worden.

Die Georgenkapelle mit dem mächtigen achteckigen Hausmannsturm, der den Marktplatz von Luckau überragt. Der Turm wurde nach der Reformation auch als Wachturm genutzt. 1697 richtete man einen Raum für einen Hausmann ein. Dieser Posten wachte von höchster Stelle über die Stadt. Er meldete Besucher, Brände und kündigte die Uhrzeit an. Seit dieser Zeit trägt der Turm den Namen Hausmannsturm.

Die evangelische Kirche St. Nikolai von Luckau ist eine gotische zweitürmige Hallenkirche und wurde von 1375 bis 1437 errichtet. Im 15. Jh. erfolgten weitere An- und Umbauten. Sie ist die größte gotische Stadtkirche der Niederlausitz (ursprünglich Doppelschutzherrschaft St. Marien und Nikolai). Bei dem Brand von 1644 gingen große Teile der mittelalterlichen Substanz verloren. Die Wiederherstellung des Innern der Kirche erfolgte im reicheren Stil des Barocks unter der Leitung der Architekten Hans Petzsch und Christian Bärgt.

Die Sandsteinkanzel von 1666 des Torgauer Bildhauers Andreas Schultze ist sehr kunstvoll gestaltet. Die tragenden Figuren zeigen lebensgroße Nachbildungen von Moses und Aaron.
Der Hochaltar wurde 1670 von dem Doberluger Hoftischler Abraham Jäger erbaut. Auf dem Barockaltar sind Gemälde mit Szenen aus der Bibel dargestellt. Die Medaillons zeigen die Verkündigung und die Geburt Christi. Die Gemälde schuf der Maler Christoph Krause aus Großenhain. Viele Epitaphe und Grabplatten schmücken die Wände.

In den Seitenschiffen stehen auf gedrehten Holzsäulen gut erhaltene Patrizierlogen, die in dieser Form sehr selten sind.

Die reich verzierte Holzempore mit der Doppelwendeltreppe an der Nordseite ist besonders sehenswert.

Ende des 13. Jh. wurde die Kirche St. Nikolai in Luckau das erste Mal urkundlich erwähnt. In dieser Urkunde rief der Bischof Bruno von Naumburg zu einer Spende für die Errichtung einer Kirche in Luckau auf. Das Gotteshaus besitzt eine besondere Orgel mit einem reich gegliederten barocken Prospekt, die in den Jahren 1672 bis 1674 durch die Leipziger Orgelbaufirma Christoph Donath gebaut wurde. Sie befindet sich auf der westlichen Empore und ist eine dreimanualige Hochbarockorgel mit 44 klingenden Registern und ca. 3 500 Pfeifen.

Der Höllberghof im Naturpark Niederlausitzer Landrücken in Langengrassau beherbergt einen nach regionalem Vorbild im Stil eines Lehmfachwerkhaus errichteten Bauernhof. Das Ensemble besteht aus dem Dreiseitenhof, dem Kossatenhaus, einer Scheune, dem Taubenhaus und einem Backhaus. Das Museum zeigt auf anschauliche Weise das Leben der Menschen der Region aus vergangenen Jahrhunderten.

Das Zentrum der Anlage bildet der Dreiseitenhof, der 1991 aus Holz, Stein, Lehm, Schilf und Stroh errichtet wurde. In den Räumen sind unterschiedliche Ausstellungen untergebracht. Sie geben Einblick in die bäuerliche Arbeits- und Wohnwelt vor ca. 200 Jahren.

150 verschiedene Nutzpflanzen sind im Kräutergarten zu finden. Im Kossätenhaus befindet sich ein Gasthaus, in dem die Besucher sich stärken können.

Veranstaltungsangebote bereichern den Besuch des Höllberghofes.

Ein einsames Segelboot auf dem Teupitzer See.

Fachwerkhaus an der Strandstraße von Teupitz.

Sommeridyll am Teupitzer See.

Hölzerne Kanalbrücke unweit des Schlepziger Hafens.

Die Spreewälder Privatbrauerei von 1788 ist ein gern besuchter Gasthof von Schlepzig. Der Ort liegt im Herzen des Unterspreewaldes, inmitten von Spreearmen, die von Kiefern-, Buchenwäldern und Wiesenland umgeben sind.

Die Wiedereröffnung der historischen Wassermühle in Schlepzig erfolgte 2000 nach ihrer Rekonstruktion.

Wasserschloss und Parkanlage von Fürstlich Drehna. Ab 1291 sollen die Brüder von Drauschkowitz und ab 1489 Christoff von Maltitz ihren Sitz in Drehna gehabt haben. Seit 1521 besaß die Familie von Minckwitz die Herrschaft. Drehna wurde 1663 zum Sitz der Standesherrschaften in der Niederlausitz durch die letzten Herrschaftsfamilien der Grafen von Promnitz (1697–1793) und von Lynar (1793–1877). Der Graf von Lynar wurde 1807 in den Fürstenstand erhoben, seither trägt der Ort den Zusatz »Fürstlich«.
Nach 1945 wurde der Gutsbesitz im Zuge der Bodenreform neu aufgeteilt. Ansässige Familien und Flüchtlinge erhielten Ländereien und Gebäude des ehemaligen Gutsbesitzes. Verschiedene Nutzer folgten, bis 1995 die Brandenburgische Schlösser GmbH das Anwesen erwarb und ein Hotel der gehobenen Klasse einrichtete.

■ *Blick zum Gartenpavillon im Schlosspark von Fürstlich Drehna.*

■ *An der Hauptstraße von Fürstlich Drehna liegt der historische Gasthof »Zum Hirsch«.*

■ *Einzelne Baumgruppen, blühende Wiesen und dichte Wälder gehören zur märkischen Landschaft.*

■ *Turm der Schlossbrauerei von Fürstlich Drehna, der zur Herstellung von Malz genutzt wurde. Im Turm befand sich eine Malzdarre die zur Abtrocknung des frisch gekeimten Jungmalzes aus zweizeiliger Sommergerste diente. Anschließend wurde das getrocknete Jungmalz geschrotet und weiter für die Bierherstellung aufbereitet. In der Brauerei werden verschiedene Biersorten produziert. Zu den Spezialitäten gehört auch ein Honigbier (Abb. S. 12).*

Vom Autobahnabzweig Staakow führt die Straße direkt zum Freizeitpark »Tropical Islands« mit einer faszinierenden Tropenlandschaft und einem üppigen Regenwald.

Blick auf den Krimnicksee bei Senzig.

Südlich von Friedersdorf verläuft die Bahnstrecke von Königs Wusterhausen nach Beeskow, deren Gleise am Horizont verschwinden.

In Duben bei Luckau steht eine »Autobahnkirche«, die in den letzten Jahren rekonstruiert wurde. Sie dient der Gemeinde sowie den Fahrenden zur Andacht. Die Kirche ist natürlich älter als die Autobahn. Der typische Niederlausitzer Fachwerkbau mit Turm stammt vermutlich aus dem Jahre 1684. Nach dem Dreißigjährigen Krieg wurde sie von Handwerkern und Bauern der Region mit einheimischen Baumaterialien errichtet. Die Ziegel der Gefache wurden z. B. in Niewitz gebrannt.

Die Dorfkirche von Waltersdorf ist ein spätromanischer Feldsteinbau mit Ostapsis. Der westliche Querturm überragt ein wenig die Breite des Schiffes. Das Kirchenschiff besteht aus zwei Abschnitten. Den Dachreiter und die Laterne mit Helmdach erhielt die Kirche erst 1790. Die Orgel ist aus dem Jahre 1793; sie wurde von Carl Gotthold Claunigk aus Sonnewalde erbaut und 1999 rekonstruiert.

Rechts unten: Die Kirche von Walddrehna ist ein Feldsteinbau mit Apsis und Schweifhaube. An der Westseite ist ein auf zwei Säulen ruhender quadratischer Turm vorgelagert. Der Turm wird durch einen aus Backsteinmauerwerk errichteten achtseitigen pyramidenförmigen Helm abgeschlossen. Das Hauptkirchenportal befindet sich unterhalb des offenen Turmes.
Der Kirchenbau erfolgte vermutlich im 13. Jh. Nach Zerstörung in den Hussitenkriegen (1431–1436) wurde die Kirche wieder errichtet und eine halbrunde Apsis an den Bau angefügt. Die Fensteröffnungen überformte man im Stil der Gotik.
Zur Innenausstattung der Kirche gehören ein barocker, durch aufwändige Schnitzereien verzierter Bretteraltar sowie die Kanzel. Auf der Empore befindet sich die Orgel aus dem 19. Jh. Ein Taufengel schwebt zentral im Kirchenraum. Eine Schnitzfigur, Jacobus den Älteren darstellend, aus dem 15. Jh. befindet sich im Innenraum.
Die kleine Kirche gehört zu den bedeutendsten Baudenkmalen der Niederlausitz.

Oben: Die Kirche von Uckro ist ein Feldsteinbau aus dem 14./15. Jh. mit stattlichem Westturm. Anfang des 18. Jh. erfolgte an der Nordseite der Anbau einer barocken Patronatsloge. Vermutlich ist auch der oktogone Fachwerkturm zu dieser Zeit entstanden.

Die Totentafel für Ernst Siegmund von Rex († 1756) in der Patronatsloge und ein Posaunenengel vom Dach der Kanzel in der Kirche von Uckro.

Die alte Dorfschule von Zerkwitz ist ein kombinierter Klinker- und Lehmfachwerkbau. Das unter Denkmalschutz stehende Gebäude wird von der Kirchengemeinde genutzt.

Die Kirche von Zerkwitz wurde 1770 anstelle einer im Vorjahr abgerissenen mittelalterlichen Kirche errichtet. Der Putzbau weist einen rechteckigen Grundriss auf. Die Außenform der Kirche ist klassizistisch und ihr Inneres spätbarock gestaltet. Im Jahre 1788 erhielt sie eine zweigeschossige Empore. Den westlichen Kirchturm bekam das Gotteshaus erst 1841, seine Spitze über 50 Jahre später. Zur weiteren Ausstattung gehören neben dem Kanzelaltar aus dem 18. Jh. eine Orgel, zwei farbige Altarfenster und die Patronatsloge.

Im ehemaligen Gutshaus Waltersdorf befindet sich ein Diakonissenstift.
Das Haus »Kapernaum« ist heute eine Wohnstätte für Erwachsene mit geistiger Behinderung.
Das Gebaude wurde 1790 errichtet und 1930 für die Bankiersfamilie Kortes erweitert und umgebaut.

Die Jakobsmühle von Gehren wurde von General von Etzdorf um 1902 zu einem Schloss umgebaut.
Auf dem Hof des Schlosses steht eine Gedenktafel, wonach Kaiser Sigismund bereits 1430 den Bedürftigen des Heiligen Kreuzes zu Luckau die halbe Mühle vermacht haben soll.
Zu DDR-Zeiten war das Schloss ein Schulungszentrum der Handwerkskammer. Nach 1989 stand das Anwesen unbewohnt, und der Zustand der Gebäude verschlechterte sich. Anfang der 90er-Jahre kaufte ein Investor das Anwesen.

An der Gabelung des Weges von Waltersdorf nach Gehren steht das mittelalterliche Sühne- oder Wegekreuz. Die Höhe des steinernen Kreuzes beträgt 72 cm, die Breite 57 cm und die Stärke des Steines 34 cm.
Oft sind die Kreuze aus Granit oder Sandstein gefertigt. In ihrer Form gleichen sie einem Balkenkreuz, einem Kleeblatt oder einem eisernen Kreuz. Sie erinnern möglicherweise an den Märtyrertod eines Christen oder wurden als Zeichen der Sühne für die Bluttat eines Verurteilten errichtet.

Landkreis Oberspree-wald-Lausitz

2

Durch die in Europa einmalig schöne Landschaft des Spreewaldes im südlichen Brandenburg ist der Landkreis Oberspreewald-Lausitz besonders populär geworden. Er ist umgeben von den Landkreisen Elbe-Elster im Westen, Spree-Neiße im Osten, Dahme-Spreewald im Norden und dem Bundesland Sachsen im Süden.

Das Territorium dieses Landkreises gehört größtenteils zum historischen Gebiet der Niederlausitz, das besonders seit dem 14. Jh. einen ständigen Wechsel der Landesherren erfuhr. Daraus ergab sich eine bewegte und wechselvolle Geschichte für die Region. Beziehungen zwischen Ober- und Niederlausitz entwickelten sich im 15. Jh. im südlichen Raum des Landkreises, im Gebiet um Ruhland, das einst zum Bautzener Herrschaftsbereich zählte. Über 150 Jahre gehörten die Gebiete der Lausitz zum Königreich Böhmen; 1526 fielen die böhmischen Länder an die Habsburger. 1635 wurden mit dem Prager Frieden die Nieder- und die Oberlausitz Kursachsen zugesprochen. Mit dem Wiener Frieden verloren die Sachsen jedoch 1815 die Niederlausitz und Teile der Oberlausitz an Preußen.

Die günstige territoriale Lage des südöstlich der Bundeshauptstadt Berlin und nördlich der Elbestadt Dresden gelegenen Landkreises bietet eine optimale Verkehrsanbindung und gute Voraussetzungen für eine wirtschaftliche Entwicklung der Region. Die A13 von Berlin nach Dresden und die A15 über Forst bis zur Republik Polen führen durch das Land. Dazu kommen noch die B169 und weitere Fernverkehrsstraßen, die die Orte und Städte des südlichen Landkreises verbinden.

Blühender Garten vor einem Spreewälder Bohlenhaus.

Auf dem von Gräben durchzogenen Wiesen- und Weideland des Spreewaldes wird auf hoch gestellten Mieten das Heu gelagert, das in den Wintermonaten für die Viehfütterung verwendet wird.

In dem etwa 130 000 Einwohner zählenden Landkreis beträgt die Einwohnerdichte etwa 100 Einwohner pro km².

Zu den Städten des Landkreises gehören Lübbenau, Senftenberg, Vetschau, Calau, Großräschen, Lauchhammer, Ortrand, Altdöbern, Schwarzheide und Ruhland.

Die Spreewald-Städte Lübbenau und Vetschau profitieren besonders von ihrer einzigartigen Umgebung und der Naturlandschaft des Spreewaldes: Hier hat sich ein eigener Tourismuszweig entwickelt. Die Stadt Lübbenau bildet eines der Zentren der Spreewaldregion. Flüsse wie die Schwarze Elster durchqueren im Süden den Landkreis, und im Senftenberger Gebiet ist nach der Braunkohleförderung das Lausitzer Seen-

■ *Die Kürbisse erleben eine Renaissance. Überall im Spreewald leuchten die in Form und Farbe unterschiedlichen Früchte den Besuchern entgegen.*

■ *Es macht viel Mühe, die großen Kürbisse auf dem Acker von Lehde zu ernten. Mit Schubkarren müssen die Bauern die »runden Riesen« transportieren.*

■ *Rechts: Leise gleitet der Kahn durch die Kanäle und führt an idyllischen Ufern vorbei.*

land entstanden, das aus gefluteten Tagebauen besteht und den größten künstlich angelegten Seenkomplex in Europa bildet. Senftenberg ist die Kreisstadt der Region; mit der Gebietsreform von 1993 entstand der Kreis in seiner heutigen Gestalt.

Die Stadt Lübbenau im Norden des Landkreises wird als Tor zum Spreewald bezeichnet. Zur Stadt gehören viele Ortsteile, wie z. B. Lehde und Leipe.

Lübbenau wurde erstmals im Jahre 1315 in einer Verkaufsurkunde erwähnt, war aber schon seit dem 8. Jh. besiedelt. Auf den Stadtsiegeln ist die Wappensymbolik in Form eines von drei Sternen umgebenen Fisches bereits seit dem 16. Jh. nachweisbar. Das älteste Siegel aus dem 16. Jh. zeigt ein Wappen der früheren Stadtherren von Ileburg. Es sind zwei Sterne über und einer unter dem Fisch. Die langjährige Zugehörigkeit der Stadt zur Standesherrschaft Lübbenau als Besitztum der Grafen von Lynar vom 17. Jh. bis zum 19. Jh. hat sich nicht im Stadtwappen niedergeschlagen.

Von Lübbenau, der größten Hafenanlage des Spreewaldes, können die Besucher den Spreewald mit dem Kahn, Paddelboot oder Kanu entdecken. Am Hafen warten die Fährleute mit ihren original Spreewälder Holzkähnen, um die Besucher durch die beschauliche Landschaft zu fahren. Aber auch von den kleineren Häfen ist eine Kahnfahrt möglich. Die Kähne gleiten nur durch den vom Fährmann bewegten Staken leise durch die vielen Wasserarme der einzigartigen Region. Dabei wird von den Fährleuten auf die Besonderheiten und das Leben der Menschen im Spreewald hingewiesen. Die Fließe sowie die Wiesen, Felder und Wälder bieten vielen Pflanzen- und Tierarten Lebensraum.

Um die jahrhundertealte Kulturlandschaft zu bewahren und zu entwickeln, wurde im Jahre 1990 das Biosphärenreservat Spreewald gegründet. Das annähernd 480 km² große Schutzgebiet erhielt im Jahre 1991 die Anerkennung durch die UNESCO.

Auf dem Gelände des Freilichtmuseums Lehde steht eine Stallgalerie. Neben der Mägdekammer waren auch das Kleinvieh und eine Futterkammer darin untergebracht.

Die Imkerei hat im Spreewald eine lange Tradition. Verschiedene Bienenkorbformen werden in einem Unterstand des Museums gezeigt.

Blick in eine Werkstatt, in der Spreewaldkähne gebaut und repariert wurden.

Zum Branchenschwerpunkt des Industriestandortes Lübbenau gehören Logistik- und Baubetriebe. Neue Firmen haben sich in den vergangenen Jahren angesiedelt, z. B. das verarbeitende Gewerbe und die Energieerzeugung.

Im Süden des Landkreises, unmittelbar an der Landesgrenze zu Sachsen, befindet sich die Stadt Ortrand. Die dort ansässige Eisenhütte mit alter Gießereitradition ist das größte Industrieunternehmen in der Stadt. Zum Amt gehören die Gewerbegebiete in Lindenau und in Ortrand-Burkersdorf, die gut über die neue Autobahnanschlussstelle Ortrand zu erreichen sind.

Die Stadt Großräschen ist durch mittelständische Betriebe gekennzeichnet, deren Entwicklung und Stabilisierung für die wirtschaftliche Situation der Stadt von großer Bedeutung sind. Ein Lehrbauhof der Handwerkskammer wurde in Großräschen eingeweiht, der Akzente in der handwerklichen Aus- und Weiterbildung für die Jugend in der Region setzt.

Die Stadt Ruhland befindet sich an der A13 und der Bundesstraße 169. Die Nähe zum Chemiestandort Schwarzheide der BASF prägt das wirtschaftliche Umfeld. Neben dem ortsansässigen Stahlbauunternehmen Lausitzer Stahlbau Ruhland gibt es in diesem Umfeld das neu errichtete Quarzsandwerk Hohenbocka. Seit über 150 Jahren werden in dieser Gegend Quarzsande für die Glasindustrie gewonnen und verarbeitet.

Die Wirtschaft in Lauchhammer war über Jahrhunderte vom Eisenguss, von dem Schwermaschinenbau, der Braunkohlenveredlung und der Energieerzeugung geprägt. Die Produkte aus Lauchhammer erlangten hohe Qualität und ein gutes Image.

Der Windanlagenbauer Vestas hat an einem ehemaligen Standort der Braunkohlenveredlung und Energiegewinnung seine Produktionsstätte errichtet.

Mit dem »Grünewalder Lauch«, einem großen künstlich angelegten See, ist durch Rekultivierung der Tagebaufolgelandschaften ein großflächiges Naherholungsgebiet entstanden.

Im Herzen des Landkreises Oberspreewald-Lausitz liegt Altdöbern zwischen der international bekannten Spreewaldregion und der Senftenberger Seenplatte mit dem Industriegebiet.

Der »EuroSpeedway Lausitz« als multifunktionale Rennsport-, Entertainment- und Testanlage sowie das »DEKRA Automobil Test Center« liegen vor der Tür von Schipkau. Es ist eine Wachstumsregion für Klein- und Mittelstandsunternehmen der Dienstleistungsbranche und der Zulieferindustrie.

Mit dem Auslaufen des Braunkohlebergbaus und dem damit verbundenen Strukturwandel etabliert sich Schipkau allmählich als Standort des Motorsports und als Test- und Technologiestandort.

In der ehemaligen Niederlausitzer Bergbauregion entstand der »Windpark Klettwitz« für erneuerbare Energien.

Vetschau ist eine der ältesten Städte der Niederlausitz. Das Industrie- und Technologiezentrum Spreewald (ITS) entwickelte sich aus dem stillgelegten Kraftwerk zu einem modernen Industriestandort. Mit Vetschau verbinden sich vor allem die Branchenschwerpunkte Schienenverkehrstechnik, Metallerzeugung und -verarbeitung, aber auch der Tourismus.

Senftenberg ist mit seinen etwa 1 500 gewerblichen Unternehmen ein attraktiver Wirtschaftsstandort. Für Forschung und Entwicklung neuer Technologien wird eine Zusammenarbeit mit der Fachhochschule Lausitz angestrebt. Handwerk und Gewerbe sowie Dienstleistungen werden in den Bereichen Umwelt- und Landschaftsgestaltung angeboten.

Die Stadt entwickelte sich zu einem der größten Kulturzentren der Region. Die Festungsanlage mit dem Schloss ist der wichtigste Ausgangspunkt für die Stadtentwicklung. Aus einer Urkunde des Jahres 1279 stammt die erste Erwähnung Senftenbergs. Die Siedler lebten von Acker-, Obst- und Weinbau sowie handwerklicher Produktion. Um 1860 wurde die Braunkohle, das »Schwarze Gold«, entdeckt. Eine rasche Industrialisierung und ein wirtschaftlicher Aufschwung setzten ein. Nach der Wende wurde die Förderung der Braunkohle jedoch zurückgefahren.

Heute beherbergt die Festungsanlage Senftenberg Ausstellungen zur Geschichte der Festung, zur Regional- und Industriegeschichte im Lausitzer Seenland. Malerei, Grafik und Plastik aus der Kunstsammlung Lausitz werden gezeigt.

Im Schloss ist das Kreismuseum untergebracht. Die Ausstellung beleuchtet die Entwicklung und das Leben der Menschen in der Bronzezeit, im Mittelalter bis hin zum Auffinden der Braunkohle und zur beginnenden Industrialisierung.

Zum Museum gehört die »Galerie am Schloss« im Polenzhaus mit wechselnden Ausstellungen. Hans von Polenz war Lehnsherr der Niederlausitz. Das Gebäude wurde 1937 anlässlich seines 500. Todestages errichtet.

In Senftenberg befindet sich eine der ältesten deutschen Gartenstädte, die Werksiedlung »Marga«, die zwischen 1907 und 1915 von der Ilse Bergbau AG erbaut wurde. Zur Siedlung gehören 78 Häuser mit 15 verschiedenen Haustypen, in denen Beamte und Arbeiter wohnten. Der Architekt der Gartenstadt war Georg Heinsius von Mayenburg. Die Architektur wurde von Elementen des späten Jugendstils geprägt. Geplant wurde die Gartenstadt unter dem Eindruck englischer Gartenstädte (Ende 19. Jh.), die auf die Ideen des britischen Städteplaners Sir Ebenezer Howard (1850–1928) zurückgingen.

Die »Neue Bühne Senftenberg« wurde 1946 als Stadttheater auf Befehl des ersten Stadtkommandanten der sowjeti-

schen Besatzungsmacht gegründet; es erwarb als Bergarbeitertheater einen guten Ruf. Im Jahre 1990 erhielt das Theater seinen heutigen Namen. Die Zeitschrift »Theater heute« wählte es 2005 zum »Deutschen Theater des Jahres«.

Im Jahre 2001 wurde im Ortsteil Großkoschen am Senftenberger See ein Amphitheater eröffnet. Bühne und Sitzbänke der Freiluftspielstätte sind nach Vorbild des griechischen Theaters angelegt.

In Großkoschen befindet sich auch der Museumshof, ein typischer Senftenberger Vierseitenhof aus dem Jahre 1864, der einen Einblick in historische Wirtschaftsformen eines Bauernhofes des 19. Jh. gibt.

Anlässlich der 500-Jahr-Feier von Niemtsch wurde im Jahre 1996 ein Bergbaumuseum, eine private Sammlung, eröffnet.

Um den historischen Altstadtkern am Markt von Senftenberg stehen viele Gebäude aus verschiedenen Stilepochen, die aufwändig restauriert wurden. Eines der dominierenden Häuser ist dabei die 1902 errichtete Adler-Apotheke. Die Fassade ist reich mit Schlangen und Totenschädeln sowie großen Adlern geschmückt, die der Apotheke den Namen gaben. In diesem Gebäude arbeitete und lebte von 1949 bis 1951 der bekannte Schriftsteller Erwin Strittmatter (1912–1994), der zu dieser Zeit in Senftenberg als Zeitungsredakteur tätig war.

Auf dem Markt wurde im Jahr 2000 eine Kopie der ehemaligen Kursächsischen Postmeilensäule aufgestellt; das Original war unter preußischer Herrschaft 1847 abgebaut worden.

An der Ostseite des Marktes schließt sich der Kirchplatz mit der evangelischen Peter-und-Paul-Kirche an. Sie wurde im 13. Jh. mit einem prachtvollen Netzgewölbe errichtet. Anfang des 16. Jh. war die Kirche in ihrer heutigen Form fertig gestellt. Bei großen Stadtbränden 1509, 1641 und 1717 wurde die Kirche beschädigt, aber jedes Mal wieder aufgebaut. Nach dem Stadtbrand im Jahre 1509 wurde vermutlich das ungewöhnliche Knickgratzellengewölbe eingezogen, das das gesamte Kirchenschiff überspannt. Für die Kirchenbauten Sachsens und Brandenburgs ist diese Gewölbeform des Netzgewölbes einmalig.

Die Reformation hielt 1539 in Senftenberg Einzug, und 1540 wurde erstmals eine Wendische Kirche erwähnt, in der für die sorbische Bevölkerung in ihrer Muttersprache gepredigt wurde (die Peter-und-Paul-Kirche wurde deshalb in Abgrenzung zur Wendischen Kirche auch als Deutsche Kirche bezeichnet). Im Jahre 1670 fiel die Wendische Kirche einem Großbrand zum Opfer. Nach dem Neubau einer Fachwerkkirche beschädigte 1717 ein weiterer Brand die neu errichtete Kirche stark. Man entschloss sich deshalb zum Bau einer massiven Kirche, die 1749 in heutiger Form fertig gestellt wurde.

2003 wurde die Wendische Kirche erneut saniert und an den Verein »Bürgerhaus Wendische Kirche« e. V. übergeben. Die entstandenen Nutzungsmöglichkeiten reichen von Konzerten, Filmvorführungen, Podiumsdiskussionen bis hin zu Feiern von Firmen und Vereinen.

Der Kultur- und Bildungsstandort Senftenberg nimmt im Landkreis Oberspreewald-Lausitz einen wichtigen Platz ein. Die Hochschule Lausitz im Bundesland Brandenburg wurde 1991 gegründet und verfügt in Senftenberg und in Cottbus über je einen Campus. Das Ausbildungsspektrum der Hochschule reicht von zahlreichen ingenieurwissenschaftlichen Disziplinen über sozial- und wirtschaftswissenschaftliche Fächer bis hin zur Ausbildung in der Musikpädagogik.

Der Senftenberger See mit einer Fläche von etwa 1 300 h ist ein beliebtes Urlaubs- und Ausflugsziel für Erholungssuchende und Wassersportler. Das Lausitzer Seenland ist ständig im Wachsen begriffen. Zusammen mit dem Biosphärenreservat Spreewald ist es die größte Landschaftsbaustelle Europas.

Mit Paddelbooten kann man die Gewässer des Spreewaldes auch individuell erkunden.

In der Sommersaison herrscht reger Betrieb auf den Kanälen des Spreewaldes.

Kleine Pausen unterbrechen die Bootstouren.

Verschiedene Bauernhäuser aus der Region sind im Freilandmuseum Lehde zu besichtigen.

Einfache, zum Teil bemalte Holzmöbel und schlichter Hausrat gehörten zur Ausstattung eines historischen Spreewälder Bauernhauses.

■ *Im Freilandmuseum Lehde gibt es altwendische Bauernhöfe und die älteste Kahnbauerei. Trachten und regionales Kunsthandwerk bereichern die Ausstellung. Heil- und Färberpflanzen wachsen in den Gärten. Eine der ältesten Meerrettichreibereien kann besichtigt werden.*

■ *Historisches Foto vom Transport des Meerrettichs.*

■ *In der Art eines Spreewälder Bohlenhauses wurde dieser Bootsschuppen in Lehde errichtet.*

In Lehde treffen viele Boote zur Mittagszeit ein. Einige Besucher nutzen die Pause, um das Freilichtmuseum zu besuchen.

Im traditionellen Gasthaus von Kaupen Nr. 6 verweilen die Besucher und stärken sich für die weitere Kahnfahrt. Wer es lieber luftiger mag, findet auch einen Platz unter freiem Himmel.

Gemüsebeete und Blumenrabatten prägen das bunte Bild der Gärten im Spreewald.

Im Schatten der Bäume wird die Kahnfahrt zum besonderen Erlebnis, wenn die weitläufigen Durchblicke die sonnenbeschienenen Wiesen freigeben.

Die Boote gleiten durch die dichten Spreewaldarme. Die Fährleute müssen ihr Handwerk gut beherrschen, um die voll besetzten Kähne durch die engen Kanäle zu lenken.

Links: Auch die Spreewälder Post ist auf die Wasserstraßen und den Kahn angewiesen.

Zu den typischen Holzbohlenhäusern des Spreewaldes kamen im 19. Jh. Klinkerbauten hinzu.

Einer der Spreewaldkähne hat gerade die Schleuse passiert.

An den Ufern der Spreearme wachsen über hundertjährige Bäume. Ein riesiger Baumstumpf zeugt von dem alten Bewuchs. Durch die hohe Feuchtigkeit gedeiht eine üppige Vegetation.

Die große Schleuse an der Hauptspree bei Lübbenau. Eine Vielzahl von Schleusen und Staustufen dient der Regulierung des Wasserhaushaltes im Spreewald. Die Schleusen sind notwendig, um die unterschiedlichen Wasserstände der Kanäle auszugleichen und sie mit dem Kahn über längere Strecken befahrbar zu machen. Das Wasserwandern auf den zahlreichen Spreefließen ist eine ganz besondere Art, die Schönheit der Landschaft kennen zu lernen. Viele der Schleusen müssen von den Wasserwanderern selbst bedient werden.
Zum Erhalt der einmaligen Region des Spreewaldes wurde dieser 1990 als UNESCO-Biosphärenreservat unter besonderen Schutz gestellt.

■ *Neben Wasserlilien und anderen Pflanzen des Uferbewuchses erhebt sich mitunter dichtes Buschwerk, das je nach Jahreszeit seine farbige Blütenpracht entfaltet.*

■ *Schöne Wiesen bieten die Möglichkeit, eine kleine Pause einzulegen.*

■ *Eine der vielen kleinen Schleusen des Spreewaldes.*

Umgeben von einem Wassergraben steht das Vetschauer Schloss im Park. Früher war der Zugang zum Schloss durch eine Zugbrücke gesichert, auf die jedoch nach dem Umbau verzichtet wurde. Das 1540 errichtete Wasserschloss ist heute Sitz der Amtsverwaltung von Vetschau. 1920 kaufte die Stadt Schloss und Kavaliershaus und machte Park und Schloss der Öffentlichkeit zugänglich. Der Rittersaal des Schlosses wurde 1931 zu einem Fest- und Sitzungssaal umgebaut. In den Speisesaal zog das Schlossmuseum ein.

Vor dem Eingang zum Schlosspark von Vetschau befindet sich das Kavaliershaus, ein eingeschossiger Fachwerkbau.

Die Wendisch-Deutsche Doppelkirche von Vetschau.
Die evangelische Kirche verfügt, bei gemeinsamem Turm und einer ebenfalls gemeinsam zu nutzenden Sakristei, über zwei nebeneinander errichtete Kirchenschiffe. Als Bauensemble ist die »Doppelkirche« einmalig in Deutschland.
Aus dem 14. Jh. stammte die erste, aus Feld- und Raseneisenstein errichtete Kirche, die im Jahre 1619 niederbrannte. Auf den alten Fundamenten erbaute man 1650 den wendischen Backsteinbau.
Die daneben gelegene spätbarocke deutsche Kirche entstand in den Jahren 1690 bis 1694.
Noch während des 17. Jh. zählte Vetschau zu den doppelsprachigen sorbisch-wendischen Städten in der Lausitz. Mit der Zunahme der deutschen Bevölkerung in der Stadt war es das Bestreben dieser Bürger, sich auch in Kirchenfragen von der wendischen Landbevölkerung abzuheben. Das Umland blieb weiterhin wendisch orientiert.
Im Jahre 1709 bekam der Turmstumpf aus Backstein seine achteckige Turmhaube.

Verschneite Holzskulptur der Spiellandschaft vor der Burganlage von Raddusch.

Detail der rekonstruierten Festungsmauer der Slawenburg aus Holz und Lehm.

Pferde bei Raddusch in Eis und Schnee.

*Links: In Weiß gehüllt liegt die Landschaft bei Raddusch, aus der sich die Rekonstruktion einer Slawenburg erhebt.
Von Wasser umgeben diente die einst über 1 000 Jahre alte Anlage als Rückzugsburg des slawischen Stammes der Lusizi. Heute ist sie ein Funktionsbau mit Ausstellungsbereich, Veranstaltungsräumen, Gastronomie und Burgladen. Den Besuchern wird ein Eindruck vom einstigen Leben der hier siedelnden Slawen (Wenden) vermittelt.*

Die Stadt Lübbenau. In einer Urkunde wurde der Ort 1315 erstmals erwähnt. Eine Burg, am Südwestrand des Spreewaldes gelegen, wurde schon im Jahre 1301 als »castrum Lubbenowe« bezeichnet. Funde aus dem 8./9. Jh. unterhalb des Schlosses belegen jedoch, dass das Gebiet bereits viel früher besiedelt war.

Die ehemalige Kanzlei, erbaut 1745–1748, im Schlosspark von Lübbenau mit doppelläufiger Freitreppe.

Rechts: Eine Heumiete im winterlichen Schlosspark.

Das Lübbenauer Schloss der Grafen von Lynar ist in den Jahren 1817–1820 von Karl August Benjamin Siegel errichtet worden. Die große Parkanlage im englischen Landschaftsstil entstand im Zuge dieses Schlossneubaus.

Rochus Quirinus Graf zu Lynar (1525–1596) war Festungsbaumeister u. a. in Spandau und Peitz. Er stammte aus einer florentinischen Familie.

Hunderte von Besuchern – Spaziergänger, Schlittschuhläufer und Schlittenfahrer – verbringen den frostigen Wintertag in Lübbenau. Die zugefrorenen Kanäle laden zum beschaulichen Zeitvertreib ein.

Winterlandschaften in der Niederlausitz.

■ Zu dem 1279 erstmals erwähnten Ort Senftenberg gehört die einstige Festungsanlage mit dem Schloss. Die Einwohner des Ortes lebten vom Acker-, Obst-, Weinbau und vom Handwerk. Die sächsischen Kurfürsten ließen im 16. Jh. die alte Burg nach italienischem Vorbild unter dem Amthauptmann Hans von Dehn-Rothfelser und dem Italiener Rochus Graf zu Lynar zu einer moderneren Verteidigungsanlage ausbauen. Die Festung wurde errichtet, um die Nordgrenze Sachsens zu sichern.

■ Das ehemalige Kommandantenhaus.

■ Die Poterne ist der tunnelartige Gang durch den Wall der Festungsanlage, der bei einem feindlichen Angriff einen schnellen Rückzug ermöglichte.

■ Das Schloss und die Festung sind von einem Park umgeben.

Am südlichen Stadtrand erstreckt sich der Senftenberger See, der aus einem gefluteten Kohletagebau hervorgegangen ist

Der Schlosshof von Senftenberg. Die Festung war wichtiger Ausgangspunkt für die Stadtentwicklung.
Die Schlossanlage beherbergt das Kreismuseum. Eine Ausstellung informiert über die Bronzezeit, das Mittelalter bis zum Industriezeitalter und die Nutzung der Braunkohle.

Der Marktplatz von Senftenberg mit dem dominierenden Gebäude der Adler-Apotheke, die im Jahre 1902 gebaut wurde. Die Fassade ist mit Schlangen, Totenschädeln und zwei überlebensgroßen Adlern geschmückt. Die erste Apotheke Senftenbergs wurde bereits 1680 erwähnt.

Östlich des Marktes schließt sich der Kirchplatz mit der evangelischen Peter-und-Paul-Kirche an. Sie wird auch als Deutsche Kirche bezeichnet. Diese Kirche wurde im 13. Jh. im Stil der Gotik errichtet; sie verfügt über ein prachtvolles Deckengewölbe.

Eine Kopie der ehemaligen kursächsischen Postmeilensäule steht wieder auf dem Markt.

Das Innere der sparsam ausgestatteten Peter-und-Paul-Kirche von Senftenberg wird durch das beeindruckende Zellengewölbe der Decke des Kirchenschiffes geprägt.

Der Turm der Peter-und-Paul-Kirche und der große Baum überragen die Bürgerhäuser des Senftenberger Marktplatzes.

■ *Im Kunstgussmuseum Lauchhammer kann man die umfangreiche Sammlung besichtigen, die Einblick in die künstlerische und fertigungstechnische Tradition der Eisenkunstguss-Herstellung gewährt. Benedicta Margaretha Freifrau von Löwendal (1683–1776) war die Gründerin des Hammerwerkes. Seit 1725 wurde im Ort Eisen verhüttet. In den Anfängen stellte man vor allem Dinge des täglichen Bedarfs wie Ofen- und Kaminplatten oder Eisenwaren für die Küche her.*

■ *Auch großes Gerät, wie Teile dieser Gebläsemaschine für Bleischachtöfen, 1837 gebaut, gehörten zur Eisengussproduktion.*

■ *Rechts: Antike Figuren und Modelle von Persönlichkeiten aus verschiedenen Zeiten stehen in den Magazinen des Museums. Unter Detlev Carl Graf von Einsiedel (1737–1810) gelang 1784 der erste figürliche Hohlguss, womit der Eisenkunstguss begann.*

Landkreis Oder-Spree

3

Der Landkreis Oder-Spree (niedersorbisch: Wokrejs Odra-Sprjewja) liegt im Osten von Brandenburg und erstreckt sich südöstlich von Berlin. Im Norden grenzt der Kreis Oder-Spree an den Landkreis Märkisch-Oderland, im Nordwesten an Berlin, im Westen an den Kreis Dahme-Spreewald, im Süden an den Spree-Neiße-Kreis und im Osten an die deutsch-polnische Grenze.

Er reicht, diagonal gesehen, von Erkner (bei Berlin) bis Ratzdorf an der Neißemündung. Die kreisfreie Stadt Frankfurt (Oder) wird vom Landkreis Oder-Spree zu zwei Drittel umschlossen. Der Landkreis Oder-Spree umfasst ein Territorium von über 2 000 km^2 und ist damit fast so groß wie das Saarland. Seine Ausdehnung von Nord nach Süd beträgt über 55 km und von Ost nach West etwa 75 km.

Bekannte Orte wie Beeskow, Bad Saarow, Eisenhüttenstadt, Erkner, Friedland, Fürstenwalde, Storkow, Müllrose und Neuzelle gehören zum Landkreis.

Das ehemalige Zisterzienserkloster Neuzelle wurde 1268 von Markgraf Heinrich dem Erlauchten von Meißen im Gedenken an seine verstorbene Ehefrau Agnes gestiftet. Im Jahre 1281 wurde es vom Mutterkloster Altzella aus Sachsen besiedelt. Die Errichtung des Klosteranwesens erfolgte in den Jahren zwischen 1300 und 1330, und im 14. Jh. erwarb das Kloster große Landgebiete zwischen der Neiße und der Müllroser Senke. Ab 1370 gehörte das Kloster zu Böhmen. Nach der Reformation stand es unter dem Schutz des katholischen Landesherrn, des Königs und späteren Kaisers Ferdinand I.
Zusammen mit der Lausitz kam das Kloster 1635 an Kursachsen, das den Fortbestand des Ordens garantierte. Nach dem Wiener Kongress kam es zu Preußen, wurde 1817 säkularisiert und zum Stift Neuzelle ernannt. Im 19. Jh. als Waisenhaus mit angeschlossenem Lehrerseminar genutzt, wurde das Stift 1955 aufgelöst. 1996 erfolgte die Wiedereinrichtung als landeseigene Stiftung.
Die dreischiffige Hallenkirche der Abtei wurde mangels örtlicher Steinbrüche als typischer gotischer Backsteinbau ausgeführt. Nach Verwüstungen im Dreißigjährigen Krieg erfolgten die frühbarocke Erneuerung der Halle und die völlige Neugestaltung des Innenraumes. Im 18. Jh. gab es weitere Umbauten.

Im Osten liegen die Flüsse Oder und Lausitzer Neiße. Die Spree sowie der Oder-Spree-Kanal, der Storkower Kanal, die Löcknitz und die Schlaube durchfließen die Region. Von der Berliner Stadtgrenze bis zum Schlaubetal erstrecken sich kleinere und größere Gewässer, u. a. der lang gestreckte, in nord-südlicher Richtung verlaufende Scharmützelsee.

Dieses »Oder-Spree-Seengebiet« wird vom Fremdenverkehr der Region für den Tourismus erschlossen. Das Oder-Spree-Gebiet ist der wald- und gewässerreichste Landkreis Brandenburgs. Neben der Natur des eiszeitlich entstandenen Schlaubetals gibt es viele historische und kulturelle Sehenswürdigkeiten. Der Tourismus ist heute ein wichtiger Wirtschaftsfaktor für den großflächigen Landkreis.

Verkehrstechnisch ist das Kreisgebiet gut erschlossen. Die Bundesautobahn A12 im Norden durchquert den Landkreis in

Turm der Klosterkirche von Neuzelle.

In einer der Seitenkapellen der ehemaligen Klosterkirche sind Szenen der Neuzeller Passionsdarstellungen von 1750 ausgestellt. Von der umfangreichen Sammlung (123 Holztafeln und Leinwände), die den Leidensweg Christi darstellt, sind drei der bemalten Holztafeln zu sehen. Die barocken Tafeln gelten wegen ihrer künstlerischen Qualität als einmalig in Europa.

Ost-West-Richtung. Sie verbindet den Berliner Ring mit der Grenze zu Polen bei Frankfurt (Oder). Eine Nord-Süd-Verbindung, die Oder-Lausitz-Trasse, wird gegenwärtig entlang der Grenze gebaut. Weitere Bundesstraßen sowie Landstraßen führen durch den Landkreis. Einige Straßen davon besitzen noch schöne alte Baumbestände.

Aber auch die Wasserstraßen, wie die Oder, die Spree, der Oder-Spree-Kanal und der Storkower Kanal, sind touristisch sowie auch für den Warenumschlag zu nutzen. Mit dem Flugzeug ist der Landkreis über die Berliner Flughäfen gut zu erreichen. Bei Eisenhüttenstadt und Fürstenwalde (Spree) gibt es auch Landeplätze für Kleinflugzeuge.

Zu einer der wichtigsten Eisenbahnstrecken im Kreisgebiet gehört die Bahnstrecke Berlin-Frankfurt (Oder). Eine weitere West-Ost-Verbindung ist die Bahnstrecke Königs Wusterhausen–Grunow.

Eine separate Bahnstrecke führt von Fürstenwalde nach Bad Saarow. Am östlichen Rand des Landkreises verläuft in Nord-Süd-Richtung, fast parallel zur Oder, die Bahnstrecke Frankfurt (Oder)–Cottbus, auf der stündlich Regionalexpresszüge verkehren. Eine direkte Zugverbindung besteht von Eisenhüttenstadt nach Berlin.

Die Wirtschaftsstruktur des Landkreises Oder-Spree wird neben dem Tourismus durch die Eisen- und Stahlindustrie in Eisenhüttenstadt und Maschinen- und Anlagenbetriebe sowie die Chemieindustrie in Fürstenwalde und die Holzverarbeitung in Beeskow geprägt. In den vielerorts ansässigen Gewerbegebieten des Kreises entwickeln sich kleinere und mittlere Unternehmen.

Auf vier Städte des Oder-Spree-Kreises soll hier stellvertretend für die Region eingegangen werden.

Beeskow ist die Kreisstadt des Landkreises Oder-Spree, die ca. 80 km südöstlich von Berlin und etwa 30 km südwestlich von Frankfurt (Oder) entfernt ist. Sie liegt an der Spree, ist von großen Wald- und Wiesengebieten, von vielen Seen umgeben und wird auch als »Tor der Niederlausitz« bezeichnet.

Am westlichen Ufer eines Spreeüberganges entwickelte sich zu Beginn des 13. Jh. eine Marktsiedlung, die an der Fernhandelsstraße Leipzig–Frankfurt (Oder) lag. Dieser Übergang wurde von einer ursprünglich slawischen Burg kontrolliert und geschützt. Nach 1260 entstand aus der Marktsiedlung eine Stadt, die nach 1321 durch eine Stadtmauer und drei Tore gesichert wurde.

Die Stadtgründer und ersten Stadtherren von Beeskow waren im 13. Jh. die Ritter von Strele, die auch die Burgen Storkow und Friedland besaßen. Im Mittelalter gehörte dieses Gebiet zur Niederlausitz, die damalige Stadt zum Bistum Meißen und die Stadtpfarrei unter das Patronat des Klosters Neuzelle.

Die Besitzer von Stadt und Herrschaft wechselten mehrfach im Laufe der Geschichte. Ab 1377 gehörte Beeskow der Familie von Biberstein. Nachdem die Herren von Biberstein 1551 ausgestorben waren, belehnte der böhmische König Ferdinand I. fünf Jahre später den Markgrafen Johann von Brandenburg-Küstrin mit den Herrschaften Beeskow und Storkow. Es gelang den Hohenzollernfürsten, das böhmische Lehen mit der Stadt Beeskow, das offiziell immer noch Bestandteil der Niederlausitz war, in den Folgejahren mehr und mehr von der Niederlausitz zu lösen. Um 1600 war Beeskow schließlich fester Bestandteil Brandenburgs geworden.

1518 wurde die Beeskower Burg durch den Bischof von Lebus, Dietrich von Bülow, erworben, und in den Jahren 1519-1524 erfolgte der umfangreiche Ausbau zur Bischofsresidenz.

Mit der Anbindung an das deutsche Eisenbahnnetz und der Eröffnung der Strecke nach Grunow erhielt Beeskow im Jahre 1888 eine neue Verkehrsverbindung. Danach erfolgte der Ausbau weiterer Strecken, wovon jedoch nach 1990 Teile stillgelegt und durch Busverkehr ersetzt wurden.

Am Ende des Zweiten Weltkrieges wurde der Stadtkern von Beeskow teilweise zerbombt. Der Ostflügel der Burg Beeskow brannte aus. Die Nebengebäude wurden als Wohnungen für Umsiedler und Flüchtlinge genutzt, die zerstörten Bereiche von 1950 bis 1960 zum Teil wieder aufgebaut. Im Jahre1990, nach der Wende, begann man, die erhaltene historische Bausubstanz der Altstadt zu restaurieren.

1991 erfolgten weitere umfangreiche Sanierungsmaßnahmen und die Einrichtung eines Kultur- und Bildungszentrums auf dem Burgareal. Hier ist unter anderem das Regionalmuseum Beeskow-Storkow untergebracht. Die Kunst der DDR, die im Kunstarchiv Beeskow gesammelt wurde, wird in wechselnden Ausstellungen gezeigt.

Die Kirche St. Marien, eine der größten Kirchen der Backsteingotik im Bundesland Brandenburg, wurde nach schweren Zerstörungen durch den Zweiten Weltkrieg seit 1990 wieder aufgebaut.

Die zu weiten Teilen erhaltene Stadtmauer mit ihren sehr gut erhaltenen Türmen, darunter dem Luckauer Torturm, gehört zu den Wahrzeichen der Stadt. Die ehemalige Mönchsherberge, unmittelbar an der Stadtmauer gelegen, war einst Unterkunft für wandernde Mönche. Auch Theodor Fontane nahm hier bei seinen »Wanderungen durch die Mark Brandenburg« Quartier.

Das ganze Jahr über finden Kulturveranstaltungen statt. Dazu gehören die Konzerte in der Kirche St. Marien, das »Osterspectaculum« sowie das Altstadtfest, das Anglerfest und das Opernfest Oder/Spree, ein Räuberspektakel und der Bauernmarkt mit dem Erntekronen-Wettbewerb. Der Weihnachtsmarkt beschließt im November/Dezember das Jahr.

Die Stadt Storkow (Mark) liegt am gleichnamigen See südöstlich von Berlin und südwestlich von Frankfurt (Oder). Östlich von ihr befindet sich der Scharmützelsee und im Süden der Unterspreewald. Der Stadtname wird mitunter mit dem Storch in Verbindung gebracht und von diesem abgeleitet; auch das Stadtwappen zeigt ihn.

Unter wettinischer Herrschaft entstanden hier um 1200 eine Sumpfburg und eine Fischersiedlung. Zwei Urkunden aus dem Jahre 1209, eine des Markgrafen Konrad von Landsberg aus dem Hause Wettin und eine von Kaiser Otto IV., weisen auf die Stadtrechte hin.

Storkow lag an der Nordgrenze der Lausitz und an einer Handelsstraße, die vom Barnim nach Lübben und Leipzig führte. Um 1202 setzte Markgraf Konrad das Adelsgeschlecht von Strele als seine Beauftragten für diese Region ein. Nach der Reformation gingen im Jahre 1556 die Herrschaften Storkow und Beeskow in den Besitz des Markgrafen Johann von Brandenburg-Küstrin, eines Sohnes des Kurfürsten Joachim I. Nestor aus dem Hause Hohenzollern, über.

Neben der einstigen Altstadt entwickelte sich südwestlich eine Marktsiedlung, die bereits 1445 Neustadt genannt wurde. Ihre Straßen und der lang gestreckte Markt wurden rechtwinklig angelegt. Im Dreißigjährigen Krieg wurde die Bevölkerung der Stadt um die Hälfte reduziert.

König Friedrich II. bereitete in der nun zu Brandenburg-Preußen gehörenden Stadt die Grundlage für die wirtschaftliche Entwicklung der Region. Deshalb wurden im Jahre 1748 Bleicher, Färber und Weber im Amt Storkow angesiedelt. Mit einer Verordnung aus demselben Jahr verfügte man auch den Anbau von Kartoffeln in 24 Amtsdörfern.

Durch die Errichtung des Storkower Kanals, der zur Flößerei genutzt wurde und ab Ende des 19. Jh. vor allem dem Transport von Baumaterialien diente, stellte man 1745/1746 die Verbindung über die Dahme zu den Berliner Gewässern her. Einen weiteren wirtschaftlichen Aufstieg erfuhr Storkow durch den Bau der Eisenbahnlinie Beeskow–Königs Wusterhausen im Jahre 1898. Im 20. Jh. gehörten eine industrielle Schuhproduktion, der Bau geophysikalischer Geräte, eine Möbelproduktion sowie industrielle Geflügelmast zur Wirtschaft der Stadt.

Der historische Kern von Storkow wird von der Altstadt und dem Markt mit seinen angrenzenden kleinen Gassen gebildet. Die Burg, der Marktplatz mit den hundertjährigen Linden und der Friedenseiche von 1814, die Stadtkirche aus dem 14. Jh. mit dem 36 m hohen Turm, die rekonstruierte Klappbrücke über den Storkower Kanal und das Scheunenviertel gehören wie auch eine ehemalige Schmiede dazu. Die einstige Storkower Mühle mit der Dampfmaschine am Mühlenfließ versorgte die Stadt ab 1897 15 Jahre lang mit Elektrizität, und abermals lieferte sie diese nach dem Zweiten Weltkrieg, als die Überlandleitungen zerstört waren.

Nördlich des Storkower Sees befindet sich mit 36 m Höhe eine der größten Binnendünen Brandenburgs. Von den so genannten Waltersbergen hat man einen wunderbaren Ausblick auf die umliegenden Wälder und den See. Ein weiteres Naturschutzgebiet ist die rund 1 900 h umfassende Groß Schauener Seenkette. Sie gehört zu den bedeutendsten Flachwassergebieten Europas und bietet Lebensraum für bedrohte Pflanzen- und Tierarten, wie Orchideen, Fischotter, Kormorane, Fisch- und Seeadler. Im Jahre 2002 wurde dieses Revier von der Heinz-Sielmann-Stiftung erworben, die diese einzigartige Landschaft bewahren und erlebbar machen will.

Im Jahre 1373 erwarb Kaiser Karl IV. im Vertrag von Fürstenwalde die Mark Brandenburg von den Wittelsbachern gegen eine Entschädigung von 500 000 Gulden. Bei seinem Einzug in die Mark hatten seine Truppen auch die bischöfliche Residenz und die Stiftskirche von Lebus zerstört. Daraufhin beschloss die einberufene Kapitelversammlung, die befestigte und reiche Stadt Fürstenwalde zum Sitz des Lebuser Domkapitels zu machen. Fürstenwalde gehörte damit ab 1385 zu den drei märkischen Domstädten und Bischofssitzen neben Brandenburg (Havel) und Havelberg.

Nach einer Brandschatzung durch die Hussiten begann 1446 der Neuaufbau des St.-Marien-Doms. Mit seinen 68 m gehört der Kirchturm zu den markantesten Wahrzeichen von Fürstenwalde. Aus derselben Zeit stammt auch das Alte Rathaus, das erst im Jahre 1624 seinen Turm erhielt.

Als Schulstadt genoss Fürstenwalde einen guten Ruf. In den Zeiten der Pest zu Anfang und in der Mitte des 17. Jh. wurde die Universität Viadrina aus Frankfurt (Oder) nach Fürstenwalde an der Spree verlegt.

Mit dem Bau des Friedrich-Wilhelm-Kanals von 1662 bis 1669, der die Oder mit der Spree verband, sank die Bedeutung von Fürstenwalde als Handels- und Warenumschlagplatz von der Spree auf dem Landweg zur Oder.

Erst mit dem Spreemühlenbau im Jahre 1837 und den dadurch anfallenden Gütern und Produkten erlebte Fürstenwalde erneut einen wirtschaftlichen Aufschwung. Aus diesem Grunde wurde die Stadt bereits 1842 an eine der ersten deutschen Eisenbahnstrecken von Berlin nach Frankfurt (Oder) angeschlossen. Im 19. Jh. erfuhr auch das örtliche Handwerk einen ökonomischen Aufschwung, woraus sich später erste industrielle Strukturen entwickelten, die die Basis für den Industriestandort Fürstenwalde bildeten.

Das Militär prägte über lange Zeit das Stadtbild. Zeitweise waren es Truppen Napoleons und Ulanenregimenter der deutschen Kaiser. Nach dem Zweiten Weltkrieg bis zum Jahre 1994 blieben Truppen der sowjetischen Streitkräfte in Deutschland in und um Fürstenwalde stationiert. Zu DDR-Zeiten waren Regimenter der NVA in Storkow stationiert.

In der Zeit des Nationalsozialismus verfolgte und inhaftierte man die politischen Gegner. In der Pogromnacht von 1938 wurde die Synagoge der Jüdischen Gemeinde zerstört.

Während des Zeiten Weltkrieges wurden zwei Außenlager der Konzentrationslager Buchenwald und Sachsenhausen errichtet, in denen die Inhaftierten unter grausamen Bedingungen für die deutsche Rüstungsindustrie arbeiten mussten.

Noch kurz vor Ende des Zweiten Weltkrieges wurde Fürstenwalde zur Festung erklärt und durch Bombardierung zerstört. Dabei wurden der Dom und das Rathaus stark beschädigt und 80 Prozent der Wohnhäuser im Stadtzentrum dem Erdboden gleichgemacht.

1945 richtete der sowjetische Narodny Kommissariat Wnutrennich Del (NKWD) in Ketschendorf ein Speziallager ein.

In den 1950er- und 1960er-Jahren baute man viele Häuser wieder auf und erschloss neue Wohngebiete. Als Kreisstadt

Theodor Fontane wurde 1819 in Neuruppin geboren. Er stammte aus einer in Preußen heimisch gewordenen Hugenottenfamilie. Seinen erlernten Beruf des Apothekers gab er auf und wandte sich dem Schreiben zu.

Fontane arbeitete als Berichterstatter, als Redakteur für verschiedene Zeitungen und als freier Schriftsteller. Die fünfbändigen »Wanderungen durch die Mark Brandenburg« sind das umfangreichste Werk des Schriftstellers. Es entstand in den Jahren 1861 bis 1892.

Im Jahre 1850 heiratete Fontane Emilie Rouanet-Kummer aus Beeskow.

Jean Pierre Barthélemy Rouanet (1747–1837) war 1781 Kanzlist und später Stadtkämmerer von Beeskow und der Großvater von Fontanes Ehefrau. Er starb in Beeskow. Das dortige Gymnasium trägt heute seinen Namen.

Parkanlage und Orangerie des Klosters Neuzelle. Hinter der Klosterkirche und unterhalb des Hanges zur Oderniederung liegt die Orangerie im ehemaligen Stiftsgarten. Heute zeigt sich der barock gestaltete Park mit einem Springbrunnen in neuer Schönheit. Die Orangerie wurde in den Jahren 2002-2004 rekonstruiert. Das Gebäude dient auch als Veranstaltungsort für Kunstausstellungen, Konzerte und Theateraufführungen. Die Innenräume der Orangerie werden gastronomisch genutzt.

Vor dem Kloster Neuzelle befindet sich die Klosterbrauerei. Ihre Geschichte begann bereits im Jahre 1416. Die gewerbliche Genehmigung zum Bierbrauen erhielten die Mönche im Jahre 1589.

der DDR entwickelte sich Fürstenwalde an der Spree zu einem bedeutenden Industriestandort der Region. Das Pneumant Reifenwerk sowie der Chemie- und Tankanlagenbaubetrieb Reuther GmbH zählten zu den wichtigsten Industriebetrieben.

Seit 1993 gehört Fürstenwalde zum Landkreis Oder-Spree. Fürstenwalde ist die größte Stadt im Landkreis und ein wichtiges Verwaltungs- und Wirtschaftszentrum der Region.

Zur Wirtschaft und Industrie von Fürstenwalde gehört auch heute noch der bekannte Reifenhersteller Pneumant. Ferner gibt es Betriebe der Metall- und Kunststoffverarbeitung, Unternehmen für die Herstellung von Lacken und Farben, den Bau von Geräten zur Regel- und Messtechnik und schließlich die Energiewirtschaft.

Zu den bedeutenden Bauwerken der Stadt können der Dom St. Marien und das ehemalige Jagdschloss gerechnet werden. Der evangelische Mariendom aus dem Jahre 1446 wurde im Zweiten Weltkrieg zerstört und nach der Wiedervereinigung1995 rekonstruiert.

Unter Kurfürst Friedrich III. wurde das Jagdschloss in den Jahren 1699/1700 von Hofbaumeister Martin Grünberg errichtet. Ab 1750 wurde das Schloss unter König Friedrich II. zum Getreidespeicher umgebaut, und 1795 folgte ein weiterer Speicherbau. Nach dem Zweiten Weltkrieg endete die militärische Nutzung der Speicher, doch bis 1993 diente das Schloss weiterhin als Lagerhaus.

Die altlutherische Kirche von 1883 ist die einzige unzerstörte Kirche der Stadt. Die Kirche und das Pfarrhaus stehen unter Denkmalschutz. Auch die neogotische Martin-Luther-Kirche von 1910, die Katholische Pfarrkirche St. Johannes Baptist von 1906 und die Bierbrauerei Mord, die von 1777 bis 1939 existierte, gehören zur sehenswerten Architektur der Stadt Fürstenwalde.

Die im 19. Jh. umgebauten Reste der Bischofsburg aus dem 14. Jh. und die um 1850 errichtete Brauerei wurden nach der Beseitigung von den Kriegszerstörungen als Kaufhaus und schließlich bis 1990 als Lager- und Verwaltungsräume genutzt. Im Oktober 1972 wurde der Fabrikkomplex der Stadt Fürstenwalde übereignet. Die Idee der Nutzung als Kulturzentrum kam von einem Fürstenwalder Künstler. Der Kulturverein engagierte sich für den Ausbau, und die Stadtverordnetenversammlung beschloss, aus dem denkmalgeschützten Ensemble ein Kulturzentrum zu machen.

Die Kulturfabrik ist heute ein soziokulturelles Zentrum mit einem reichen kulturellen Angebot für alle Altersgruppen. Neben Veranstaltungen, Ausstellungen und Kursen gehören der Frauenladen, der Kinderladen, das soziokulturelle Zentrum für Jugendliche »Club im Park« und das Museum der Stadt mit den künstlerischen Werkstätten sowie die Stadtbibliothek dazu. Verschiedene Musik- und Gesangsensembles bereichern die Kulturszene der Stadt.

Die Stadt würdigt den Grafiker, Illustrator und Maler Gerhard Goßmann, der in Fürstenwalde lebte, mit einer ständigen Ausstellung im Heimatmuseum.

Neben dem städtischen Gymnasium gehört die Europaschule Oberstufenzentrum Palmnicken mit über 3 500 Auszubildenden zu den pädagogischen Einrichtungen der Stadt. Die Europaschule ist die größte Bildungseinrichtung im Landkreis Oder-Spree und vereint Bildungsgänge von der Berufsschule bis zum beruflichen Gymnasium. Das einzige katholische Schulzentrum im Land Brandenburg ist das Bernhardinum. Es befindet sich in freier Trägerschaft des Erzbistums Berlin und besteht aus Grundschule, Realschule und Gymnasium. Zu den Schwerpunkten der Bildungs- und Erziehungsarbeit dieser zwei Schulen gehört die Pflege vielfältiger internationaler Beziehungen.

Im Osten Eisenhüttenstadts befindet sich das Städtchen Fürstenberg (Oder). Im Jahre 1251 wurde auf dem heutigen Stadtgebiet durch den Meißner Markgrafen Heinrich den Erlauchten Fürstenberg (Oder) im Verband der Niederlausitz gegründet. Auf Anordnung Kaiser Karls IV. wurde im 14. Jh. eine

Ein barockes Torhaus führt in den Hof der Klosteranlage Neuzelle.

Stadtmauer errichtet. Von 1316 bis 1817 stand die Stadt unter der Grundherrschaft des Klosters Neuzelle. Nach den Bränden von 1571 und 1604 wieder aufgebaut, zählte Fürstenberg nach dem Dreißigjährigen Krieg nur noch 30 von zuvor 250 Häusern.

Das als Zollstätte wichtige Städtchen Fürstenberg (Oder) kam 1635 zusammen mit der Niederlausitz zum Kurfürstentum Sachsen und fiel im Jahre 1815 an Preußen. Der an der Fernstraße Frankfurt (Oder)–Guben und an einer Oderfähre gelegene Fischerei- und Schifffahrtsort hatte 1830 etwas mehr als 1 500 Einwohner. Ein Aufschwung des Ortes erfolgte erst durch den Bau der Bahnstrecke 1846 von Frankfurt (Oder) nach Breslau. Mit dem Anschluss an den Oder-Spree-Kanal im Jahre 1891 begann eine weitere industrielle Entwicklung. Glashütten, Werften, Säge-, Öl- und Getreidemühlen entstanden. Die Bevölkerungszahl der Stadt verdoppelte sich von 1871 bis 1900 auf 5 700 und stieg bis 1933 auf rund 7 000 Einwohner an. Im Jahre 1925 entstand der Oderhafen.

Zur Zeit des Nationalsozialismus besaß die Stadt ein unterirdisches Chemiewerk. Während des Zweiten Weltkrieges mussten KZ-Häftlinge und Kriegsgefangene in diesem Werk Zwangsarbeit verrichten. Tausende Menschen kamen dabei ums Leben. Die Zwangsarbeiter wurden bei der Degussa, im Motorenwerk Borsig, im Kraftwerk an der Oder, im Granitlager, im Forst und beim Straßenbau eingesetzt.

1945 besetzten sowjetische Truppen die Stadt, die dadurch kurzzeitig Garnisonsstadt der sowjetischen Armee wurde.

Der Beschluss zum Bau eines Eisenhüttenkombinates Ost (EKO) und einer Wohnstadt wurde durch die SED im Jahre 1950 gefasst. Eisenhüttenstadt galt als die erste »sozialistische« Stadt der DDR und wurde auf dem Reißbrett konzipiert. 1950 erfolgte der Baubeginn des Eisenhüttenkombinats, und 1951 begann man mit dem Bau des ersten Hochofens, der noch im selben Jahr in Betrieb genommen wurde. Bis zum Jahre 1955 entstanden fünf weitere Hochöfen.

1953 wurde die Fürstenberg (Oder) vorgelagerte Wohnstadt Eisenhüttenstadt aus Anlass des Todes von J. W. Stalin in Stalinstadt umbenannt. Eine rasante ökonomische Entwicklung begann. 1953 hatte die Stadt 2 400 und im Jahre 1960 bereits über 24 000 Einwohner. 1961 wurden die Städte Fürstenberg (Oder) und Stalinstadt zu Eisenhüttenstadt zusammengeschlossen, um den jetzt unerwünscht gewordenen Namen Stalins zu löschen. Unabhängig von dieser Entwicklung blieb der Ortsteil Fürstenberg (Oder) mit seiner Altstadt davon unberührt.

Mit dem Ausbau des Hüttenwerkes stieg die Einwohnerzahl bis 1988 auf mehr als 53 000 Menschen an. Durch den einsetzenden Strukturwandel in der Region nach der Wende 1989 ist die Einwohnerzahl wieder auf etwa 35 000 gesunken. Um einer weiteren Abwanderung entgegenzuwirken, wurde ein neues Stadt-Umbauprogramm begonnen, das in seiner Planung bis zum Jahre 2015 reicht.

Gegenwärtig wird die Wirtschaft in Eisenhüttenstadt von der ArcelorMittal Eisenhüttenstadt GmbH bestimmt, die zu einem der weltweit größten Stahlkonzerne gehört. Dieses neue, aus dem Eisenhüttenkombinat Ost und der EKO Stahl GmbH hervorgegangene Unternehmen ist zurzeit das größte im Land Brandenburg. Weitere Unternehmen sollen in Eisenhüttenstadt angesiedelt werden.

Durch die von Frankfurt (Oder) über Eisenhüttenstadt nach Cottbus verlaufende Bahnstrecke ist die Stadt durch den Regionalexpress mit Berlin und Magdeburg verbunden. Die nächste Autobahn ist die A12 mit der Auffahrt in Frankfurt (Oder). Berlin-Schönefeld (künftig BBI) ist der nächstgelegene Flughafen. Ein kleinerer Flugplatz liegt am Nordwestrand der Stadt. Eisenhüttenstadt ist über eine Bundeswasserstraße und den Oder-Spree-Kanal, der hier in die Oder mündet, mit den Häfen der Nord- und Ostsee verbunden. Mehrere Binnenhäfen der Stadt verfügen über Bahnanschlüsse und Straßenanbindungen.

Die prächtige, mit Schnitzwerk und Vergoldungen versehene Kanzel von 1728 wird von Putten und Engelsfiguren getragen.

Blick zum Altar des barock gestalteten Kirchenschiffes der Zisterzienser-Klosterkirche von Neuzelle.

Rechts: Blick zum Orgelprospekt und zu der geschwungenen Empore von 1806, die von Andreas Hesse ausgeführt wurden.

Rechts oben: Einer der oktogonalen und reich verzierten Strebepfeiler, die Haupt- und Seitenschiffe trennen und die Deckenkonstruktion der Halle tragen.

Die ehemalige Zisterzienser-Klosterkirche von Neuzelle ist der bedeutendste Kirchenbau der Niederlausitz. Der gotische Kernbau basiert auf einem rechteckigen Grundriss. Das Vorbild für diesen Kirchenbau könnte das Kloster St. Marienstern in der Oberlausitz gewesen sein. Besiedelt wurde das neue Klosteranwesen, das an der Oderniederung liegt, im Jahre 1281. Mönche aus dem sächsischen Mutterkloster Altzella kamen hierher.
Im Jahre 1330 erfolgten die ersten Altarweihen, und der Bau der Halle wurde vermutlich bald abgeschlossen. Die Neueinwölbung der Decke von 1515 ist durch eine Inschrift belegt.
Nach Verwüstung und Plünderung der Kirche im Dreißigjährigen Krieg begann 1654–1658 die frühbarocke Erneuerung des Kirchenraumes. Es folgten Veränderungen des gesamten Kircheninneren unter dem Stuckateur Giovanni Bartholomäus Cometa und dem Maler Giovanni Vanetti, der für die Fresken verantwortlich war. Weitere Bauphasen folgten im 18. Jh.
Die barocke Gesamtwirkung des Innenraumes resultiert aus den prächtigen hellen Stuckarbeiten und den farbenfrohen Malereien, die sich kontrastreich und harmonisch zu einem Ganzen fügen. Das Kirchenschiff wird durch die paarig angeordneten Nebenaltäre gegliedert, die wie eine Prachtstraße in Richtung Altar führen. Trotz der in roten, braunen und goldenen Tönen gehaltenen Ausstattung ist der Gesamteindruck des Innenraumes licht.

Die Dorfkirche von Kienbaum aus den Jahren 1908/1909 steht in der Nähe des Maxsees.

Eine sehr alte Ulme, deren Umfang 6,40 m betragen soll, wächst auf einem Gelände hinter der Kirche von Kienbaum.

Links: Unendlich erstrecken sich die Rapsfelder südlich von Biegen im Oder-Spree-Land.

Karl Witzleben betreibt in Petersdorf, etwas abgelegen vom Dorfkern, eine Kunstgalerie. Einige Teile der Berliner Mauer zieren seine »Open-Air-Galerie«. Vor Jahren zog er nach Petersdorf, einem kleinen Ort nahe der Stadt Frankfurt (Oder). Für seine Landgalerie fand er hier viel Platz vor. Er zeigt und verkauft Bilder von Malern, die in der Region leben. Es beteiligen sich aber auch auswärtige Künstler wie z. B. Kani Alavi, der vielleicht bekannteste Mauerkünstler. Er war der Initiator der Berliner East Side Gallery. Von ihm bemalte Mauersegmente stehen im Skulpturenpark vor dem UN-Hauptquartier in New York.

Links: Der Weg zum Friedhof von Petersdorf.

■ *Das Schloss Steinhöfel spiegelt sich im künstlich angelegten See. An den Wegrändern des Parks blüht der Dolden-Milchstern (Ornithogalum).*

■ *Der Schlosspark von Steinhöfel wurde vermutlich von Johann August Eyserbeck (1762–1801) angelegt, der seit 1787 in Potsdam tätig war.*

In Falkenberg bei Fürstenwalde steht noch die ursprüngliche Dorfkirche, die im Laufe der Geschichte ihren barocken Turm mit Helm und Laterne erhielt.

Die Stadtpfarrkirche von Friedland stammt aus dem 18. Jh. Sie wurde gotisierend überbaut. Friedland, erstmals 1301 urkundlich erwähnt, entwickelte sich im Schutze einer Burg, an der sich die Straßen nach Lieberose, Beeskow und Neuzelle kreuzen.

Der wuchtige Turm der Dorfkirche von Biegen überragt weit den Feldsteinbau. Die Kirche St. Nicolai Andreas ist frühgotisch. Ein Sandsteinaltar aus der Spätrenaissance, mittelalterliche Fresken, eine barocke Kanzel und ein Sandstein-Epitaph sowie Messingkronleuchter und eine Sauerorgel aus der Zeit um 1850 gehören zur Einrichtung.

Links: Die Familie von Wulffen errichtete 1730 das Schloss Steinhöfel anstelle eines Vorgängerbaus. Nach dem Erwerb des Schlosses durch die Familie von Massow wurde der Bau Anfang der 1790er-Jahre von David Gilly verändert. Das ursprünglich zweigeschossige Haus wurde dabei um die beiden Seitenflügel erweitert und die Fassade im klassizistischen Stil gestaltet. Um 1880 wurde das Gebäude im Stil des Neobarocks umgebaut. Vor den Mittelrisalit setzte man im ersten Obergeschoss einen Balkon, und die Ecktürme erhielten jeweils einen Erker. Seit 1993 wird das Schloss als Hotel genutzt.

Das junge Paar verlässt die ehemalige Schlosskirche von Schöneiche. Die Gäste begrüßen das Hochzeitspaar mit buntem Konfetti und Seifenblasen. Viele Ballons mit guten Wünschen steigen in den blauen Himmel.

Eine große Bauinschriftskartusche befindet sich an der Südseite der Kirchenwand.

Rechts: Die Schlosskirche von Schöneiche war ein Saalbau aus Feldsteinquadern. Im Jahre 1725 wurde die Kirche als barocker Putzbau erweitert und der Turm angebaut. Sein oberer Teil ist aus Holz. Pilaster gliedern seine Oberfläche. Die Zifferblätter der Uhr ragen zur Hälfte in die mit Schiefern gedeckte geschweifte Haube. Den Abschluss des Turmes bildet eine um 1830 errichtete achteckige Laterne. An den inneren Chorwänden des Gotteshauses befinden sich drei bemerkenswerte Grabsteine mit Reliefdarstellungen der Familie von Krummensee. Die ehemalige Schlosskirche dient heute als Konzerthalle und Standesamt.

Ein alter Schuppen vor der Schlossanlage von Groß Rietz.

Das Schloss Groß Rietz während der Restaurierungsarbeiten. Es wurde zwischen 1693 und 1700 errichtet. Bauherr war der Hofmarschall Georg von der Marwitz (1638–1704). Im Jahre 1790 kaufte Johann Christoph von Wöllner (1732–1800) Groß Rietz, der seit der Thronbesteigung Friedrich Wilhelms II. großen Einfluss auf den König und die Innenpolitik besaß. Er war Geheimer Finanz-, Kriegs-, Domänenrat und Oberhofbau-Intendant. Ihm wurde außerdem die gesamte Verantwortung für Kirchen- und Schulangelegenheiten übertragen. Wöllner war für eine rigorose autoritäre Amtsführung bekannt.

Die Dorfkirche von Groß Rietz wurde 1704 errichtet; ihren quadratischen Westturm erhielt sie erst im Jahre 1791.

Rechts: Das Bahnhofsgebäude von Bad Saarow ist eine Dreiflügelanlage von 1912. Im selben Jahr wurde die Bahnstrecke Beeskow–Fürstenwalde fertig gestellt. Das erste Moorbad wurde 1914 am nördlichen Rand des Scharmützelsees errichtet.

Rechts: Bootsanlegestelle am zugefrorenen Scharmützelsee.

Bad Saarow

Ansichten der historischen Burganlage von Beeskow und freigelegte Ruinenteile.

Links: Nachdem die Ritter von Strele um 1200 Storkow eingenommen hatten, drangen sie nach Beeskow vor. Anstelle einer hölzernen slawischen Wasserburg errichtete man zu Beginn des 13. Jh. auf einer Spreeinsel die Burg Beeskow aus Feld- und Backsteinen. Von 1518 bis 1556 gehörte sie den Bischöfen von Lebus. Nach der Säkularisierung kam sie zu Brandenburg und damit in den Besitz der Hohenzollern. Der 30 m hohe Bergfried und das »Alte Amt«, in dem sich das Regionalmuseum befindet, sind Teile der mittelalterlichen Burg.

Rathaus

SCHLECKER
SCHLECKER
SCHLECKER

Das Wappen über dem Eingang der Stadtsparkasse von Beeskow zeigt noch das des Altkreises Beeskow-Storkow. Dieser Kreis bestand als preußisch-deutscher Landkreis in der Zeit von 1836 bis 1950.

Der Turm und das Kirchenschiff der ursprünglich dreischiffigen gotischen Hallenkirche überragen die Dächer der Stadt Beeskow. St. Marien zählt zu den größten Kirchen Brandenburgs. Ihre Länge beträgt annähernd 60 m und ihre Breite ca. 34 m. Der Kirchturm hat bis zum Zinnenabschluss eine Höhe von über 47 m.
Der Baubeginn ist ungeklärt. Vermutlich wurde die Kirche in den Jahren 1230 1240 unter dem Patronat des Klosters Neuzelle errichtet. Das Langhaus und der Westturm wurden erst um 1500 vollendet. Bei Stadtbränden, die große Schäden hinterließen, wurde die Kirche mehrmals heimgesucht. Mehrere Gewölbefelder wurden danach durch spätgotische Rippenprofile erneuert. Durch die Zerstörungen im Zweiten Weltkrieg verbrannte 1945 die gesamte Innenausstattung des Gotteshauses. Erst 1952 wurde das südliche Seitenschiff zur Notkirche ausgebaut. Seit 1991 wird die Ruine rekonstruiert.

Links: Am Marktplatz von Beeskow stehen noch einige historische Häuser, wie zum Beispiel das einstöckige Rathaus mit Walmsatteldach und Ziergiebel.

Das älteste Haus von Beeskow ist ein Lehm-Fachwerkhaus. Es liegt nahe der Kirche St. Marien in der Kirchgasse. Beim Stadtbrand von 1513 wurde das Gebäude nicht völlig zerstört und konnte wieder aufgebaut werden. Die dendrochronologischen Untersuchungen der Holzbalken ergaben Fälldaten der Jahre 1482 und 1485 bis 1487. Das ursprüngliche Speicherhaus wurde nach den Bränden zum Wohnhaus umgenutzt. Es erhielt eine Stube und eine Schwarze Küche.
Bis 1983 war dieses Haus noch bewohnt. Seit Mai 1995 ist es als Museum geöffnet.

Links: Blick auf die Spree von der Brücke der Frankfurter Straße, nahe der Burg Beeskow.

Links: Altes Fischerhaus.

Links: Der Mäuseturm an der historischen Stadtmauer von Beeskow.

Glockenstuhl der Kirche von Lindenberg über dem Eingang des Friedhofes.

Die Kirche wurde in den Jahren 1667 bis 1669 vermutlich von Cornelis Ryckwaert erbaut. Sie ist im Grundriss ein Quadrat mit Kreuzarmen und hat ein Pyramidendach mit Laterne.

Die ehemalige Landarbeiterkate in Lindenberg diente der Unterkunft der saisonalen Erntehelfer.

Links: Schloss Lindenberg ist eine verputzte Zweiflügelanlage aus dem 17./18. Jh., die um 1900 weitere Veränderungen erfuhr. Das Dorf wurde 1284 erstmalig erwähnt. In einer Schrift des Bistums Meißen wurde 1346 Lindenberg (damals noch Landenberg) als Pfarre in der Herrschaft Beeskow-Storkow aufgeführt.

Links: Der ursprünglich barocke Park wurde durch Ludwig Lesser (1869–1957) neu gestaltet. Lesser war einer der ersten freischaffenden Berliner Landschaftsarchitekten.

Muster aus der Produktion der Golem-Werkstätten in Sieversdorf.

Die Golem-Werkstätten fertigen Baukeramik für Restaurierungen. Auf dem ehemaligen Gutshof des Dorfes stehen Steine und andere Beispiele der vielfältigen Produktion, die in den hier ansässigen Werkstätten geformt und produziert werden. Ein Schwerpunkt ist dabei die originalgetreue Reproduktion von Fliesen, Kacheln, Ziegeln, Formsteinen, Terrakotten und anderer Baukeramik.

Die Dorfkirche von Sieversdorf ist eine Feldsteinkirche aus dem 13. Jh. mit einem Turm von 1683. Ein Holzschnitzaltar, Epitaphe und Reste frühmittelalterlicher Wandmalerei schmücken das Gotteshaus.
Das Dorf wurde erstmals 1353 als »Claus sifridstorff« urkundlich erwähnt. Über »Siuersdorf« (1393), »Sifritzdorff« (1405) und »Sieverstorff« (1624) kam es zu seinem jetzigen Namen.

Die Bäume, die das Ufer der Spree bei Hangelsberg säumen, haben sich herbstlich verfärbt.

Petersdorf bei Briesen ist heute ein Ortsteil der Gemeinde Jacobsdorf im Landkreis Oder-Spree. Das Dorf wurde 1341 als »Peterstorp« erstmalig urkundlich erwähnt. Es war ursprünglich ein Gassendorf mit Gutshof. Von der alten Gutsanlage ist u. a. noch das Herrenhaus erhalten geblieben, welches jedoch im Laufe der Zeit viel von seiner einstigen Schönheit verloren hat.

Die Villa Lassen in Erkner, in der Gerhart Hauptmann von 1885 bis 1889 lebte, ist heute ein Museum. Die restaurierte Villa gehört zu einem landesübergreifenden Projekt von deutschen und polnischen Museen, die es sich zur Aufgabe gemacht haben, das Leben und Werk des Dichters neu zu entdecken. Der Museumsverbund Gerhart Hauptmann vernetzt die Aktivitäten von vier Hauptmann-Museen in Deutschland und Polen: in Erkner (Brandenburg), in Kloster auf Hiddensee (Mecklenburg-Vorpommern), in Agnetendorf (Jagniątków) bei Hirschberg (Jelenia Góra) und das Carl-und-Gerhart-Hauptmann-Haus in Schreiberhau (Szklarska Poręba).

Die Löcknitz bei Erkner.

Der rekonstruierte Innenraum der Kirche St. Marien.

Dietrich von Bülow (1460–1523) war von 1490 bis zu seinem Tode einer der Bischöfe des Bistums Lebus. In der Kirche St. Marien von Fürstenwalde wurde er beigesetzt. Die Gründung der Universität Viadrina in Frankfurt (Oder), deren erster Kanzler er wurde, erfolgte im Jahr 1506.

Die Stadtkirche St. Marien von Fürstenwalde an der Spree war seit der päpstlichen Bestätigung im Jahre 1385 Sitz der Bischöfe des Bistums Lebus. Im Jahre 1432 erfolgte die weitgehende Zerstörung der Stadtkirche, und 1446 begann der Neubau als Dom. Mit Bischof von Horneburg verstarb 1555 der letzte katholische Bischof von Lebus. Im April 1557 fand im Beisein des Kurfürsten Joachim II. Hektor und seines Bruders Johann von Brandenburg-Küstrin der erste evangelische Gottesdienst im Dom statt.

Seite 103: In den 90er-Jahren des 20. Jh. wurden die Fundamente des historischen Stadtkerns freigelegt. Weithin sichtbar sind Rathaus und Dom.

Vor dem Rathaus, in dem sich das Standesamt befindet, wartet der Oldtimer auf das Brautpaar.

Die Schleuse Fürstenwalde ist eine von vier Schleusen des Oder-Spree-Kanals. Der 74,75 km lange Kanal verbindet die Spree mit der Oder. Die Schleuse wurde bereits 1891 errichtet. Die Längen der beiden Schleusenkammern betragen annähernd 68 m.

Die Stadtbrücke führt über den Oder-Spree-Kanal.

Das Rathaus von Fürstenwalde, mit hohem Turm und spitzbogigem Durchgang, wurde um 1500 errichtet. Es brannte 1945 bis auf die Außenmauern aus. In den Jahren 1961–1968 baute man das Rathaus wieder auf. Veränderungen, die von 1906 bis 1907 erfolgten, wurden dabei beseitigt.

Zu dem Ensemble der Landhäuser von Hangelsberg gehört auch die denkmalgeschützte und verfallende Villa »Stensjöholm«, auch »Rote Villa« genannt. Das Grundstück erhielt der Admiral von Müller von Kaiser Wilhelm II. zum Bau eines Hauses. Der Admiral war persönlicher Adjutant des Kaisers und Kabinettschef der Marine.

Die weiße Villa »Eichburg« ist nach dem Bau der Eisenbahn Berlin–Frankfurt (Oder) 1842 errichtet worden. Das Grundstück erhielt die Familie Borsig, die sich große Verdienste um das deutsche Eisenbahnwesen erworben hatte. Mit dem Bau der Bahnlinie nahm Hangelsberg einen wirtschaftlichen Aufschwung, und durch die Nähe zu Berlin erfolgte auch eine weitere Belebung der Region. Der Berliner Maschinenbauer Friedrich Wöhlert beteiligte sich an diesem Eisenbahnbau und ließ sich danach ebenfalls in Hangelsberg nieder. Einige Häuser von Hangelsberg sind noch mit dem Eisenguss aus seiner Fabrikation verziert.

Zusammen mit den anderen Villen bildet dieses Fachwerkhaus ein imposantes Ensemble im westlichen Hangelsberg. Erwähnt wurde Hangelsberg erstmalig im Jahre 1644 in einem Kirchenbuch. Darin heißt es: »Auf dem Hangelsberg leben Teerbrenner, Heydereuther, Waldarbeiter und Köhler.« Die Teerbrenner lieferten die Wagenschmiere für die ab 1711 auf der Alten Poststraße nach Frankfurt (Oder) fahrenden Wagen.

Detail der Mühlenfassade in Müllrose.

Medaillons an der Fassade.

Der sechsstöckige backsteinerne Mühlenkomplex am See überragt weit die Stadtbebauung. Diese Mühle ist die älteste im Schlaubetal.
Müllrose befindet sich zwischen dem Kleinen und dem Großen Müllroser See am Ende des Schlaubetals, einer eiszeitlich entstandenen Schmelzwasserrinne. Um 1260 wurde Müllrose als brandenburgisch-markgräfliche Stadt gegründet. Ihre Geschichte ist eng verbunden mit einer frühen Wassermühle am Müllroser See (1275 erstmals erwähnt). Nach der Zerstörung durch die Hussiten 1432 und nach Plünderungen und Pestepidemien während des Dreißigjährigen Krieges entwickelte sich der Ort zur Ackerbürgerstadt.

Blick auf den Müllroser See.

Wohnhäuser am Kalksee in Woltersdorf.

Die Woltersdorfer Schleuse mit Sicht auf den Flakensee.

Das Motorboot »Jeffrey« lädt zu Rundfahrten ein.

Der Ort Woltersdorf bei Erkner am Flaken- und Kalksee wurde um 1240 von vierzehn Bauernfamilien als Angerdorf auf einer Anhöhe gegründet. Die Bewohner waren ursprünglich Schiffer und Bauern.
Heute ist Woltersdorf, das mit der Straßenbahn von Rahnsdorf zu erreichen ist, ein beliebter Ausflugsort der Berliner. In den Gasthäusern am Ufer der Seen haben in der Sommersaison die Gastronomen alle Hände voll zu tun.

Einer der größeren Markgrafensteine, die durch die Eiszeit von Schweden bis nach Rauen in der Mark Brandenburg gelangten.

Das Gasthaus und die Pension »Markgrafenhof« in Rauen.

Der Weg zu den Markgrafensteinen von Rauen führt durch einen dichten Buchenwald.

Die ursprünglich im 15. Jh. errichtete Stadtpfarrkirche von Storkow ist aus rotem Backstein. Mitte und Ende des 19. Jh. wurden bauliche Veränderungen vorgenommen. Nach dem Zweiten Weltkrieg wurde die ausgebrannte Kirche wieder mit flacher Decke aufgebaut.

Fachwerkhaus am Markt.

Zugbrücke am Dolgenseefließ.

Links: In der Niederung des Dolgenseefließes entstanden unter wettinischer Herrschaft um 1200 eine Sumpfburg und eine Fischersiedlung, die bereits 1209 Stadtrechte besaß. Herrschaft und Stadt Storkow kamen im 16. Jh. in den Besitz der Hohenzollern.
Die Burganlage von Storkow war ursprünglich durch einen Wassergraben geschützt. Von 1518 bis 1555 war sie im Besitz der Bischöfe von Lebus, die den Sitz zum Wohnschloss ausbauten.
Im 20. Jh. entstand der südliche Fachwerkbau. Der 1978 ausgebrannte mittelalterliche Nordflügel wurde zu Beginn des 21. Jh. wieder aufgebaut und zum kulturellen Zentrum der Stadt.

Das einstige Jagdschloss Hubertushöhe, von Kiefern umgeben, ist ein großzügig angelegtes Landhaus mit Nebengebäuden und einem Landschaftspark. Von 1899 bis 1900 wurde es nach den Plänen von Max Jacob und Georg Roensch am Ufer des Dolgensees für den Berliner Bankier G.W. Büxenstein errichtet. Als Mäzen beauftragte Büxenstein Holzbildhauer und Steinmetze, Tier- und Landschaftsmaler, Kunstglaser und Schmiede aus Berlin. Die Innenausstattung des Hauses ist von großer kunsthandwerklicher Qualität. Dem historisierenden Gebäude wurde ein achteckiger Turm mit Spitzhelm zugefügt. Die stark gegliederte Fassade ist reichlich mit Jagdmotiven verziert. Das Jagdschloss mit eigener Bahnstation wurde zu einem repräsentativen Hotel ausgebaut und im Juni 1998 eröffnet.

Am Nordufer des Schauener Sees liegen Fischerei und Gasthaus sowie das Fischereimuseum von Groß Schauen. Aal, Hecht, Zander und Karpfen gehören zum Fischreichtum der Groß Schauener Seenkette. Fangfrisch kommen die Fische auf den Tisch. Das Heinz-Sielmann-Informationszentrum befindet sich unmittelbar neben dem Fischereigelände.

Aufziehendes Gewitter über der Bahnstrecke bei Neuzelle.

Schneeberg liegt an der Bahnstrecke, die von Beeskow nach Frankfurt (Oder) führt.
Auf einer Koppel, an der die Regionalbahn vorbeiführt, leben diese Hochlandrinder. Gegenüber dem Gehege werden im Dorfladen Wurst- und Fleischwaren aus eigener Produktion verkauft.

■ Die evangelische Dorfkirche von Buckow wurde 1737 erbaut. Das Untergeschoss des Turmes stammt von einem mittelalterlichen Vorgängerbau, der auf einem slawischen Burgwall errichtet wurde.

■ Pferd am Fuße des Kirchberges.

■ Das Dorf Grunow liegt an der nordwestlichen Spitze des Naturparks Schlaubetal. Die Dorfkirche ist ein Fachwerkbau auch aus dem 18. Jh. Sie beherbergt einen zum Kanzelaltar umgebauten Altaraufsatz.

■ *Geschäfts- und Wohnhaus von 1906 in Fürstenberg (Oder). Carl Reiche, der in diesem Haus lebte, ließ seine Initialen »CR« am Dachturm anbringen. Er war der erste Direktor der Dampfergenossenschaft Deutscher Strom- und Binnenschiffer GmbH. Im Haus mit reichen Jugendstilformen ist ein Museum eingerichtet worden. Im ersten Stock des Gebäudes sind Reliefs in die Putzfassade eingearbeitet, die sich auf die Schifffahrt beziehen.*

■ *Blick auf den Kanal vom Steilufer Fürstenbergs, der in der Oderniederung liegt. Schubschiffe mit Lastkähnen gleiten fast geräuschlos an den Ufern vorbei.*

Um 1400 erfolgte der Bau der Fürstenberger Stadtkirche St. Nikolai im Stil einer gotischen Hallenumgangskirche am Steilufer der Oderniederung. Ihren 41 m hohen Turm erhielt sie im 16. Jh. 1945 wurde sie bis auf die Umfassungsmauern zerstört und das Inventar vernichtet. Der Wiederaufbau der Kirche erfolgte in den Jahren 1952 bis 1993, wobei die Netz- und Sterngewölbe rekonstruiert wurden.

Das ehemalige Rathaus von Fürstenberg (Oder) wurde in Formen der Spätrenaissance im Jahre 1900 errichtet. Den Putzbau mit Ziergiebeln baute man 1934 um. Die Stadtgründung erfolgte jedoch schon Mitte des 13. Jh. unter dem Markgrafen Heinrich dem Erlauchten (um 1215–1288) von Meißen.

Die Stadt Frankfurt (Oder)

4

Die kreisfreie Stadt Frankfurt (Oder), die seit 1999 die Zusatzbezeichnung »Kleiststadt« führt, liegt im Osten der Region an der Grenze zur Republik Polen. Etwa 80 km östlich von Berlin gehört sie zu den wichtigsten Städten Brandenburgs. Sie entstand am westlichen Ufer einer hochwasserfreien Furt, die über den Oderfluss südlich der steil abfallenden Lebuser Hochfläche führt. Etwa 27 m über dem Meeresspiegel gelegen, ist die Stadt von einer Auen-, Wald- und Seenlandschaft umgeben und befindet sich nördlich des Warschau-Berliner Urstromtales.

Die Oder bildet die östliche Stadtgrenze und zugleich die deutsche Staatsgrenze zu Polen. An der östlichen Seite des Flusses befindet sich heute Słubice, die ehemalige Dammvorstadt Frankfurts. Durch die besondere Lage am Fluss, an einer in westöstlicher Richtung verlaufenden Eisenbahnstrecke und an der Autobahn A12 ist Frankfurt zu einem bedeutenden Verkehrsknotenpunkt der Handelswege geworden.

An diesem Ort begann eine frühe Besiedlung, wie Faustkeile aus der Altsteinzeit belegen. In der Zeit zwischen 1300 bis 400 v. Chr. siedelten hier erneut Menschen, wie Ausgrabungsfunde des Potsdamer Landesmuseums für Ur- und Frühgeschichte zeigen. Auf dem Stadtgebiet von Frankfurt wurden bronzezeitliche Funde gesichert (Abb. S. 6).

Das Rathaus von Frankfurt (Oder) gehört zu den größten und ältesten Rathäusern Deutschlands. Erbaut wurde es ab 1253 in norddeutscher Backsteingotik. Der prunkvolle Südgiebel entstand in der 2. Hälfte des 14. Jh. Aus der ersten Blütezeit der Stadt trägt das Rathaus am südlichen Prunkgiebel als Symbol der Bedeutung Frankfurts im mittelalterlichen Heringshandel einen vergoldeten Hering von 1454.
Der Renaissanceumbau (westlicher Anbau) erfolgte durch den italienischen Baumeister Thadäus Paglion in den Jahren von 1607 bis 1609.
Heute befinden sich im Rathaus die Stadtverwaltung, das Museum Junge Kunst und der Ratskeller.

Burgwälle nördlich und südlich der Stadt (bei Kliestow und Lossow) zeugen von einst hier lebenden slawischen Stämmen. Eine Siedlung slawischer Fischer bestand vermutlich schon lange vor der deutschen Besiedelung. Bei Grabungsarbeiten wurden 1991 Teile einer Dorfanlage mit zwei parallel verlaufenden Straßen freigelegt, die durch weitere Gassen verbunden waren.

Im 11./12. Jh. gehörte das Land an der mittleren Oder zum Gebiet der schlesischen Piastendynastie. An diesem Ort entwickelte sich Anfang des 13. Jh. eine deutsche Kaufmannssiedlung mit einer dem hl. Nikolaus gewidmeten Kirche (auf die die heutige Friedenskirche zurückgeht). Das Markt- und Niederlagerecht wurde der Siedlung 1226 durch Heinrich I., Herzog von Schlesien (1201–1238) und von Polen (1232–1238), verliehen. Ab 1249 fiel der Ort unter die Herrschaft Brandenburger Markgrafen, der Askanier.

1253 stellte Markgraf Johann I. Frankfurt die Urkunde zur Stadtgründung aus und sicherte der Stadt Landerweiterun-

MUSEUM
JUNGE
KUNST
RATHAUS
geöffnet

Auf der Seite der südlichen Schmuckgiebelfassade des Rathauses von Frankfurt (Oder) befinden sich hinter den reich verzierten Türen die Räume des Museums Junge Kunst. Das Museum besitzt eine der wesentlichsten Sammlungen von Kunst aus dem Osten Deutschlands. Bis zur Einrichtung der Galerie »Junge Kunst« im Jahre 1965 wurde die alte Markthalle von der Verwaltung der Stadt genutzt. Das architektonische Ambiente der alten Bauformen und die junge zeitgenössische Kunst bilden einen interessanten Kontrast. Der größere Teil der Ausstellungsräume gehört zur ursprünglichen gotischen Markthalle, die in der Spätrenaissance eingewölbt wurde. Der nach Norden zeigende und sich anschließende zweite Raum war die Gerichtslaube aus der Hochgotik, die später an drei Seiten geschlossen wurde. Ein Durchbruch verbindet beide Räume miteinander.

gen, auch östlich der Oder, zu. Gottfried von Herzberg entwickelte im Auftrag des Markgrafen den Grundriss der mittelalterlichen Ober- und Unterstadt in Form eines regelmäßigen Vierecks mit einem gitterförmigen Straßennetz. In der Folgezeit wurde eine zuverlässige Stadtmauer aus Feld- und Backsteinen mit Wällen, Gräben und drei Stadttoren errichtet. Damit verbunden war gleichzeitig die Erlaubnis, eine Brücke über die Oder zu errichten, die zu einer östlich der Oder geplanten Stadterweiterung führen sollte.

Im 13. Jh. entstanden die Marienkirche aus Backstein und das Rathaus am Markt. Nahe der Oder in der Unterstadt wurde 1270 eine Niederlassung der Franziskanermönche gegründet. Durch Erweiterung nach Norden entstand außerhalb der Mauern die Lebuser Vorstadt mit einem Siechenhaus und einer Kapelle (dem späteren Georgenhospital) und im Süden die Gubener Vorstadt mit dem Heilig-Geist-Hospital und der Kirche St. Gertraud.

Nach dem Aussterben der brandenburgischen Askanier 1319/1320 hielt die Stadt Frankfurt im Streit um die Mark Brandenburg fest zum Wittelsbacher Markgrafen Ludwig I. Dafür wurde sie mit neuen Rechten ausgestattet. So erhielt sie z. B. im Jahre 1348 das Mühlenrecht, 1350 die Zollfreiheit im schlesischen Herzogtum und 1369 das Münzrecht.

Das 14. Jh. wurde zur Blütezeit der Stadt. Jahrmärkte, aus denen sich später Messen (früher als die Leipziger Messe) entwickelten, fanden statt. Im Jahre 1379 erhielt Frankfurt das königliche Privileg der freien Oderschifffahrt und des Binnenhandels zuerkannt. Bis ins 15. Jh. gelangte die Stadt Frankfurt durch ihren ausgedehnten Handel und ihre Mitgliedschaft in der Hanse zu bedeutendem Wohlstand. Auch der Handel mit Polen erhielt weitere Impulse. Die traditionelle Handelsstraße nach Osten (früher bei Lebus) führte von nun an über Frankfurt, was der Stadt einen weiteren Aufschwung brachte.

Parallel dazu nahm auch die Bedeutung der Stadt als Wissenschaftsstandort zu. Im Jahre 1502 entstand dort die erste Druckerei in der Mark Brandenburg. Im Jahre 1506 wurde die Universität Viadrina ins Leben gerufen. In den ersten Jahren studierten hier u. a. Ulrich von Hutten und Thomas Müntzer. Nach der Reformation in Brandenburg wurde die Universität auch eine Ausbildungsstätte der reformierten Theologie.

Im Dreißigjährigen Krieg wurde Frankfurt zu zwei Drittel zerstört. Trotz aller Bemühungen, die menschlichen Verluste durch zugewanderte Hugenotten auszugleichen, gelang es der Stadt nicht, ihre frühere wirtschaftliche Kraft wiederzuerlangen. Mit dem Heranwachsen der Residenzstadt Berlin verlor die Stadt Frankfurt weiter an Bedeutung.

Die Befestigungsanlagen der Stadt wurden im 18. Jh. abgetragen und die Wallanlagen durch P. J. Lenné zu Parkanlagen umgestaltet.

Im Jahre 1811 wurde die Frankfurter Viadrina der Breslauer Universität zugeordnet und das Universitätsgebäude der Stadt geschlossen. Als Landesuniversität für Brandenburg übernahm die im Jahre 1810 in Berlin gegründete Universität die Führung.

Zum Ende des Zeiten Weltkrieges kam es in und um Frankfurt, das zur Festung erklärt worden war, zu heftigen Gefechten und Blutvergießen. Die Altstadt wurde fast völlig zerstört. Nur wenige historische Gebäude blieben erhalten. So sind es aus der Renaissance und dem Barock weniger Gebäude als aus klassizistischer Zeit. Die noch erhalten gebliebenen historischen Bauten stehen größtenteils im engeren Zirkel der Altstadt.

So ist das backsteinerne Rathaus, das in seinem Kern auf ein Kaufhaus mit Ratsstube und Gerichtslaube aus der zweiten Hälfte des 14. Jh. zurückgeht, erhalten geblieben. Der Nordgiebel des Rathauses entstand um 1370 und der mit reichem Maßwerk, Wimpergen und Fialen verzierte Südgiebel im 15. Jh. Zu Beginn des 17. Jh. baute der italienische Baumeister Thadäus Paglion das Rathaus um. Die beide Hallen überspannenden Kreuzgrat-Decken werden von massiven Sandsteinsäulen getragen. Das Rathaus wurde 1945 stark beschädigt und nach dem Krieg restauriert.

Infolge der Kriegseinwirkungen brannte die St. Marienkirche nieder und konnte nur als Ruine gesichert werden. Durch die Restaurierungen der letzten Jahrzehnte wurde der Bau in seiner äußeren Form wiederhergestellt. 1996 begann der Wiederaufbau des Chordaches. In diesem Teil der Kirche befanden sich einst die mittelalterlichen Bleiglasfenster aus dem 14. Jh., die neben dem Hauptaltar den Schmuck des Chores bildeten. Die Fensterscheiben waren im Zweiten Weltkrieg zum Schutz vor Bombenschäden ausgelagert und am Ende des Krieges von der Roten Armee als Beutekunst nach Russland gebracht worden. Nach langwierigen Verhandlungen wurden 2002 bereits 111 Scheiben der Kirchenfenster von der russischen Regierung zurückgegeben. Und im Jahre 2005 folgten die letzten sechs

Zwei großzügige hintereinander liegende Räume des Rathauses von Frankfurt (Oder), die zu unterschiedlichen Zeiten entstanden sind, stehen der Galerie Junge Kunst zur Verfügung. In den weitläufigen Gewölben, die auf massiven Pfeilern ruhen, werden Grafik, Malerei und Objektkunst ausgestellt.

Fenster für die Marienkirche in Frankfurt. Nach 67 Jahren kamen alle Kirchenfenster wieder an ihren ursprünglichen Platz zurück und wurden aufwändig restauriert. Wegen ihrer besonderen Qualität haben die Glasmalereien eine große Bedeutung für die deutsche Kulturgeschichte.

Auch andere historische Gebäude, wie z. B. die Kirche St. Georg, das Hospital zum Heiligen Geist, die Friedenskirche, das Türmchenhaus und das Junkerhaus, gehören ebenso zum sehenswerten Kulturgut der Oderstadt wie die mittelalterliche Franziskanerkirche mit ihren eindrucksvollen Giebelseiten, die man zur Konzerthalle »Carl Philipp Emanuel Bach« umgerüstet hat.

Ende des 19. Jh. dehnte sich die Stadt auch in westliche Richtung aus. Hier wurden zu dieser Zeit, wie auch in anderen Städten Deutschlands, Siedlungen mit Gartenstadtcharakter geschaffen.

Neubauten, die weit über die Höhe der ursprünglichen Stadtbebauung hinausgingen, errichtete man zu DDR-Zeiten. An der Peripherie entstanden neue Komplexe mit Hochhäusern, die das Bild der Stadtsilhouette wesentlich bestimmten.

Die Europa-Universität Viadrina wurde nach der Wiedervereinigung 1990 erneut ins Leben gerufen. Vor allem für Studenten aus Europa öffnete sie ihre Türen. Mit Universitäten in Polen sowie mit denen des ganzen europäischen Kontinents werden enge Kontakte gepflegt.

Frankfurt (Oder) ist durch die Friedensbrücke mit der nahe gelegenen polnischen Stadt Słubice eng verbunden. Heute gehört die Universitätsstadt zu den wirtschaftlichen, wissenschaftlichen und kulturellen Zentren im östlichen Teil des Landes Brandenburg.

Dem in Frankfurt (Oder) geborenen Dichter Heinrich von Kleist ist in der Stadt eine Forschungs- und Gedenkstätte gewidmet. Kleist, am 18. 10. 1777 geboren, besuchte in Berlin das Gymnasium der französisch-reformierten Gemeinde. Er trat 1792 mit 14 Jahren in das Potsdamer Garderegiment ein und nahm 1793 am Rheinfeldzug teil. Obwohl er 1797 zum Leutnant befördert wurde, entwickelte Kleist eine zunehmende Abneigung gegen das Militär und trat zwei Jahre später aus. 1799/1800 studierte er einige Semester Naturwissenschaften, Kulturgeschichte und Kameralwissenschaft an der Frankfurter Viadrina. Anschließend arbeitete er in einer preußischen Behörde in Berlin, wo er sich Mitte April 1801 beurlauben ließ und eine rastlose Reise begann. Auf Einladung von Christoph Martin Wieland nach Oßmannstedt und Weimar kam es 1802/1803 zu Begegnungen mit Goethe und Schiller. Kleist (Abb. S. 9) besuchte weitere Städte wie u. a. Göttingen, Mainz, Straßburg, Bern, Thun, Genf und Paris.

Als Kleist sich mit der Philosophie Immanuel Kants (1724–1804) beschäftigte, war er tief beeindruckt vom Geist der Aufklärung. Er eignete sich dessen Überzeugung an, die besagte, dass es keine objektive Erkenntnis geben könne. Diese Einsicht löste vermutlich bei Kleist im Frühjahr 1801 eine ernsthafte Irritation und Lebenskrise aus. Er griff jetzt das von Jean-Jacques Rousseau (1712–1778) propagierte Ideal einer naturverbundenen Lebensweise auf und trug sich mit dem Gedanken, als einfacher Bauer zu leben. Aus diesem Grund ging er 1802 in die Schweiz (Abb. S. 9). Seine Verlobte Wilhelmine von

Zwei Portale an der Südseite der Kirche St. Marien von Frankfurt (Oder), der ehemaligen Hauptpfarrkirche der Stadt.

Das restaurierte Kirchenschiff von St. Marien.

Die Kirche St. Marien ist nach der Stadtrechtsverleihung in mehreren Bauphasen erbaut worden. Nach 1253 begann man eine Hallenkirche mit fünfschiffigem Langhaus, Querschiff und Doppelturmfassade in norddeutscher Backsteingotik zu errichten. Der südliche Turm stürzte 1826 ein und wurde danach abgetragen. Nach dem Zweiten Weltkrieg war das Gotteshaus nur noch eine Ruine. Die Stadt pachtete die Kirche 1974 für 99 Jahre und rekonstruierte sie. In den letzten Jahren wurde sie zum soziokulturellen Zentrum St. Marien umgebaut und für Veranstaltungen genutzt.

Zenge löste daraufhin die Verbindung. 1804 kam Kleist nach Berlin zurück und trat in den preußischen Staatsdienst ein, den er jedoch schon bald wieder aufgab. 1807–1809 war er in Dresden tätig, wo er mit Adam Müller die Zeitschrift »Phöbus« herausgab und in Verbindung mit Ludwig Tieck stand. Mit Müller gab er 1810 auch die »Berliner Abendblätter« heraus, die der Zensur wegen eingestellt werden mussten. Nach einem kurzen Aufenthalt in Dresden, reiste er über Bern, Mailand und Genf nach Paris, wo er erneut an seinen dichterischen Fähigkeiten zweifelte und in eine Schaffenskrise fiel.

Dem unsteten Leben Kleists steht ein literarisches Werk von außerordentlicher Sprachkraft gegenüber. Es umfasst dramatische Werke wie z. B. »Der zerbrochne Krug«, »Das Käthchen von Heilbronn oder Die Feuerprobe«, »Prinz Friedrich von Homburg« und Erzählungen wie z. B. »Michael Kohlhaas«.

Kleist blieb Außenseiter im literarischen Leben seiner Zeit. Ohne Existenzgrundlage und ohne entsprechenden Erfolg sowie an der politischen Lage und an menschlichen Bindungen zweifelnd, nahm er sich gemeinsam mit Henriette Vogel am 21. November 1811 am Kleinen Wannsee in Berlin das Leben.

Das Kleist-Museum, nahe der Oder, wurde im Jahre 1969 im Haus der ehemaligen Garnisonsschule eingerichtet; es arbeitet das kulturelle Erbe des Dichters auf. Die ständige Ausstellung umfasst etwa 250 Dokumente, die Auskunft über Leben und Werk des Dichters geben (Abb. S. 130). Das Museum verfügt mit etwa 10 000 Bänden Speziallitertur zu Kleist und

Regierungsstraße

Detail eines Kirchenfensters in einer Ausstellung im Raum der Sakristei.

Das restaurierte farbige Gewölbe der Sakristei der Kirche St. Marien aus dem Jahre 1521.

Fassadenschmuck am ursprünglichen Wohn- und Geschäftshaus des Kaufmanns Theodor Nippe.

Das Wohn- und Geschäftshaus wurde 1908–1910 im Auftrag der Stadt Frankfurt (Oder) als städtisches Geschäftshaus vom Berliner Architekten Fritz Beyer anstelle des alten Leinwandhauses errichtet. Der Bau gehörte zur Neugestaltung des südlichen Marktplatzes. Nach Fertigstellung wurde das Gebäude an Theodor Nippe und später an seine Witwe verpachtet. Nippe richtete hier eine Teppich-, Gardinen- und Möbelstoffhandlung ein.
Die städtische Bibliothek bezog 1928 das Haus. Das Dachgeschoss wurde im letzten Krieg zerstört und erst 1991 wieder aufgebaut.
Seit 1945 befindet sich wieder die Stadt- und Regionalbibliothek in diesem Klinkergebäude.

seinem literaturgeschichtlichen Umfeld über eine der umfangreichsten Kleist-Sammlungen Deutschlands. Das Angebot des Museums beruht auf einem Zusammenspiel von Sammlungs-, Ausstellungs-, Forschungs-, Publikations- und Veranstaltungstätigkeit.

Weitere Namen aus Wissenschaft und Kultur sind mit der Oderstadt verbunden wie der des Pfarrers und Führers des Bauernkrieges Thomas Müntzer (um 1489–1525) (Abb. S. 10) und der des Humanisten Ulrich von Hutten (1488–1523). Sie studierten an der Viadrina in Frankfurt (Oder). Auch Carl Philipp Emanuel Bach (1714–1788), der Komponist und Organist, war hier Student. Der Naturforscher Alexander von Humboldt (1769–1859) studierte an der Universität in Frankfurt wie auch sein Bruder Wilhelm (1767–1835), der Gelehrte und Staatsmann. Der Dichter Gottfried Benn (1886-1956) war Gymnasiast am Friedrichsgymnasium in Frankfurt (Oder).

Konrad Wachsmann (1901–1980), in Frankfurt geboren, war Architekt und Architekturtheoretiker und entwarf das Einsteinhaus in Caputh bei Potsdam (s. Bd. »Der Südwesten«). In Frankfurt wurde auch der bekannte Maler Anton von Werner (1843-1915) geboren. Der Historienmaler nahm als Kriegszeichner am Deutsch-Französischen Krieg von 1870/1871 teil. Er schuf registrierende, sachlich gemalte Bildberichte von großem dokumentarischem Wert.

Der deutsche Bakteriologe Rudolf Abel (1868–1942) wurde in Frankfurt (Oder) geboren. Seinen Doktortitel erhielt er 1890 in Greifswald; er habilitierte 1893. Danach arbeitete er als medizinischer Direktor in Hamburg, in der Hauptdirektion der Berliner Polizei und im Preußischen Kulturministerium. 1915 wurde er zum Professor für Hygiene in Jena ernannt.

In Frankfurt (Oder) wurde 1965 die Galerie Junge Kunst gegründet und zu Beginn der neunziger Jahre in Museum Junge Kunst umbenannt. Über 11 000 Kunstwerke sind im Besitz des Museums. Zur Sammlung gehören Gemälde, Handzeichnungen und Aquarelle, Druckgrafik, Objekte, Installationen und Skulpturen sowie polnische Grafik. Dabei handelt es sich um die qualitätsvollste Sammlung von Kunst aus dem Osten Deutschlands. Zur Sammlung gehört auch Kunst aus der Sowjetischen Besatzungszone (1945–1949), aus der DDR (1949–1990) und den neuen Bundesländern. Neben expressiven und sachlichen Formenfindungen sind postimpressionistische, aber auch surrealistische Arbeiten ebenso wie Reflexionen über die Pop-Art sowie die Postmoderne zu finden.

■ *Bootsanlegestelle an der Oder in Frankfurt.*

■ *Prächtig blühen die Bäume in den Nebenstraßen der Stadt.*

■ *Die Einkaufspassage mit ihrem Oderturm ist das höchste Gebäude der Stadt. Eine direkte Verbindung zu den Lenné-Passagen besteht durch eine gläserne Brücke.*

Eine liegende Bronzeskulptur schmückt den schattigen Uferweg.

Ein riesiger Stuhl am Ufer der Oder.

Die alten Speicherhäuser nahe der Oderpromenade wurden saniert und mit neuem Leben erfüllt.

■ *Das Kleist-Museum Frankfurt (Oder) ist ein Spätbarockbau von 1777/1778. Ursprünglich war das Haus eine Garnisonsschule und Stiftung des Stadtkommandanten Leopold von Braunschweig. Es wurde von dem Baumeister Friedrich Knoblauch errichtet. Das Eingangsportal wird von einer Kartusche gekrönt.*

■ *Die Gartenansicht und einer der Ausstellungsräume des Kleist-Museums.*

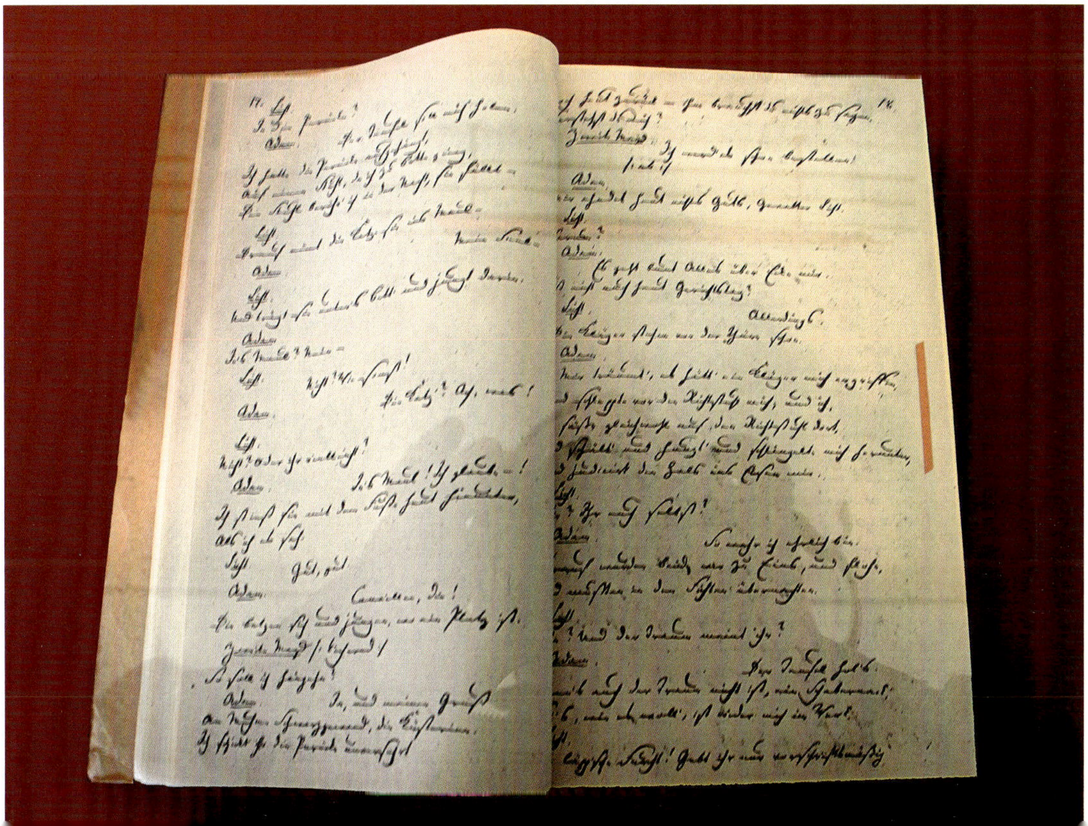

Lesung im Kleist-Museum: »Ein Briefwechsel zwischen Rahel Varnhagen und Eduard Gans«.

Manuskript (Faksimile) und Erstausgabe von 1811 des Stückes »Der zerbrochne Krug« von Heinrich von Kleist.

Seite 132: Die ehemalige Franziskanerkirche aus dem 13. Jh. ist seit 1966 Konzerthalle der Stadt; sie trägt den Namen Carl Philipp Emanuel Bachs.

■ *Das ehemalige Heilig-Geist-Spital und heutige Haus der Künste lag einst außerhalb der Stadtgrenze. Seine jetzige Form erhielt der Bau im Jahre 1787.*

■ *Ein blühender Obstbaum in einem Gewerbehof der Altstadt.*

■ *Das ehemalige Haus der Orgelbauerfamilie Sauer. Am 1. März 1856 eröffnete Wilhelm Sauer ein eigenes Geschäft als Orgelbaumeister in Frankfurt (Oder).*

DER ODERSPEICHER

■ *Die blaue Stadtbrücke verbindet die Stadt Frankfurt (Oder) mit der polnischen Stadt Słubice. Bis 1945 gehörte das heute polnische Stadtgebiet als Dammvorstadt und Gartenstadt zu Frankfurt (Oder).*
Jetzt befindet sich hier einer der wichtigsten Grenzübergänge zwischen Deutschland und Polen. Der Straßenfernverkehr wird über die Autobahnbrücke der Bundesautobahn A12, die mit der polnischen Autostrada A2 verbunden ist, geleitet. Der Eisenbahnverkehr verläuft auf polnischer Seite über den nahe gelegenen Stadtteil Kunowice.
Die Stadt Słubice ist Standort des polnisch deutschen Wissenschaftszentrums Collegium Polonicum.

■ *Links: Ein historischer Kran an der Oderpromenade.*

■ *Links: Am Ufer der Oder stehen mehrere alte Speicherhäuser.*

■ *Seite 136/137: Der breite Oderstrom nördlich der Stadtbrücke zwischen Frankfurt und Słubice.*

■ *Seite 137: Historische Häuser auf der deutschen Seite der Uferpromenade. In diesem Gebäudekomplex befindet sich die Gedenk- und Dokumentationsstätte für die Opfer politischer Gewaltherrschaft.*

■ *Seite 137: Die Uferbebauung der polnischen Stadt Słubice spiegelt sich im Fluss wider.*

Der Haupteingang der Universität Viadrina in Frankfurt (Oder). Die Europa-Universität Viadrina ist die östlichste Universität Deutschlands. Die Bezeichnung kommt aus dem Lateinischen und lässt sich mit »die an der Oder gelegene« übersetzen. Deutsche und Polen sowie Bewerber aus vielen Ländern der Welt lassen sich an der Viadrina immatrikulieren.

Das in Słubice als gemeinsame Einrichtung der Universitäten Poznań und Frankfurt (Oder) errichtete Collegium Polonicum am Ufer der Oder. Die Studienangebote sollen die wissenschaftliche Begegnung zwischen Deutschland und Polen fördern und der Vertiefung der Idee des vereinten Europas dienen.

Einer der Seitenflügel des historischen Gebäudekomplexes der Universität Viadrina.

■ *Die Reithalle der ehemaligen Garnisonsstadt Frankfurt (Oder), die dem Militär zur Ausbildung diente.*

■ *Der Neubau des Auditorium maximum der Universität Viadrina.*

■ *Das Museum Viadrina ist seit 1957 im Junkerhaus untergebracht und zeigt früh- und regionalgeschichtliche Sammlungen. Es handelt sich um eines der wenigen Gebäude, die am Ende des Zweiten Weltkrieges von der Zerstörung verschont blieben. Ende des 17. Jh. befand sich in diesem Gebäude die kurfürstliche bzw. königliche Residenz der Hohenzollern, also das Stadtschloss von Frankfurt. Das barocke Baudenkmal besitzt wertvolle originale Stuckdecken und eine besonders wertvolle geschnitzte Treppe.*

Der heutige Stadtpark neben der Kirche St. Gertrauden entstand auf dem ehemaligen Anger der Gubener Vorstadt von Frankfurt (Oder).

Rechts: Das historische Post- und Telegrafengebäude aus den Jahren 1899-1902 wurde nach dem Entwurf von Anton Freiherr von Rechenberg in Formen der märkischen Backsteingotik erbaut. Die Formen der Backsteingotik setzen sich in den Sterngewölben der Schalterhalle fort.

Die Stadtpfarrkirche St. Gertrauden ist ein neogotischer Backsteinbau aus der Zeit von 1874–1878. Nach Entwürfen von Carl Christ und Wilhelm Kinzel wurde die Kirche mit Westturm in der Nachfolge einer 1368 gegründeten Kapelle für die Gewandschneider am ehemaligen Anger der Gubener Vorstadt von Frankfurt (Oder) errichtet. Die Kirchturmspitze wurde nach Schäden durch den Zweiten Weltkrieg vereinfacht wieder aufgebaut.

Die evangelische Friedenskirche (ehemalige Kirche St. Nikolai) ist die älteste Pfarrkirche der Stadt. Die dreischiffige Backsteinhalle mit Umgangschor und Doppelturm entstand um 1226. Sie war die Kirche der Kaufleute, die dem hl. Nikolaus, ihrem Schutzpatron, gewidmet war. Im Zuge der Reformation wurde sie im Jahre 1539 säkularisiert.

Die Wohnsiedlung Paulinenhof von Frankfurt (Oder). Die im Stil einer Gartenstadt errichtete Anlage von 1922–1924 wurde nach Entwürfen von Martin Kießling erbaut. Das symmetrisch angelegte Ensemble ist über ein zentrales Torhaus zugänglich, das zur Hauptachse führt. Die restaurierten Wohnhäuser waren ursprünglich durch rote, grüne und blaue Farbanstriche gekennzeichnet.

Rechts: Blühende Obstplantage in Markendorf, einem Ortsteil von Frankfurt (Oder).

Die Stadt Cottbus

5

Die Stadt Cottbus (niedersorbisch: Chóśebuz) liegt im Südosten Deutschlands. Mit mehr als einhunderttausend Einwohnern ist Cottbus nach der Landeshauptstadt Potsdam die zweitgrößte Stadt im Bundesland Brandenburg und hat den Status einer kreisfreien Stadt. Neben Brandenburg (Havel), Frankfurt (Oder) und Potsdam gehört Cottbus zu einem der vier städtischen Zentren Brandenburgs. Obwohl in der Stadt selbst nur eine kleine sorbische Minderheit lebt, gilt Cottbus als der politische und kulturelle Mittelpunkt der Sorben in der Niederlausitz.

Mit dem Schloss Branitz im Fürst-Pückler-Park, dem Staatstheater Cottbus und ihren Museen ist die grüne Stadt an der Spree und junge Hochschulstadt eine der Kultur- und Kunststädte in Brandenburg. Sie hat sich darüber hinaus zu einem attraktiven Messe- und Tagungszentrum der Niederlausitz profiliert. Gesundheitszentren wie zum Beispiel das Sana-Herzzentrum und das Carl-Thiem-Klinikum sorgen für ein gutes Image in Stadt und Land.

Cottbus, heute ein Dienstleistungs-, Wissenschafts- und Verwaltungszentrum, liegt an der mittleren Spree zwischen dem Lausitzer Grenzwall im Süden und dem Spreewald im Norden. Die Spree fließt in einer Länge von 23 km durch die Cottbuser Stadtlandschaft und erreicht dabei eine Breite von bis zu 36 m. Die Stadtfläche beträgt über 164 km², Wald-, Park- und Wasserflächen einbegriffen. Die Entfernung von Cottbus nach Dresden beträgt ca. 90 km, nach Zielona Góra in der Republik Polen rund 100 km und nach Berlin sind es auch etwa 100 km.

Die verschneiten Pyramiden im Schlosspark Branitz. Von den zwei Pyramiden des Branitzer Parks zählt die größere, die Wasserpyramide, die in den Jahren 1856/1857 errichtet wurde, zu einer besonderen Sehenswürdigkeit. Fürst Hermann von Pückler-Muskau (geb. 1785) wurde 1871 hier im Tumulus der Seepyramide beerdigt. 1884 wurde auch seine 1854 verstorbene Frau Lucie Gräfin von Pückler-Muskau (geb. 1776) hierhin umgebettet. Die Pyramiden entstanden aus den Erdmassen, die beim Anlegen der Teiche gewonnen wurden. Am südöstlichen Seeufer befindet sich die Landpyramide von 1863. Auf ihrer Spitze ist eine Tafel mit einer Inschrift aus dem Koran angebracht: »Gräber sind die Bergspitzen einer fernen neuen Welt.« Der Branitzer Park am Rande der Stadt Cottbus war der Alterssitz und das Meisterwerk des Fürsten Pückler. Die Garten- und Parkanlagen mit den Pyramiden, dem Schloss und weiteren Gebäuden sind von außerordentlichem gartenkünstlerischem Wert.

Die geschichtliche Entwicklung der Stadt beginnt bereits mit der Vor- und Frühgeschichte in der Lausitzer Region. Zeugnisse dieser frühen Besiedlungsphase werden im Stadtmuseum und im Stadtarchiv aufbewahrt. Mehr als 130 verschiedene Schreibweisen des Namens der Stadt sind schriftlich überliefert. Es waren so ungewöhnliche Namen wie Chotebuz, Kukubuzl, Chotibus, Cothebuz, Kotwos oder Kohebuz.

Im engeren Zirkel der Cottbuser Altstadt lassen sich fast zweitausendjährige Spuren menschlicher Besiedlung nachweisen. Im gesamten Stadtgebiet aber wurden noch wesentlich ältere Spuren von Siedlern gefunden, die darauf hinweisen, dass hier bereits in der Bronzezeit vor rund dreitausend Jahren Menschen lebten. Auf dem heutigen Gebiet der Stadt betrieben sie Viehzucht und wohnten in Lehmhütten. Bereits im 3. und 4. Jh. n. Chr. waren hier erste germanische Siedler an-

sässig. Und 300 Jahre später wanderten slawische Stämme aus dem Südosten in das Gebiet zwischen Elbe, Saale und Oder ein.

Die Stadt Cottbus entstand am Kreuzungspunkt zweier Handelsstraßen: der so genannten »Salzstraße«, die Magdeburg mit Wrocław (Breslau) verband, und einer weiteren Straße, die von Frankfurt (Oder) nach Dresden führte.

Ein westslawischer Stamm, die Lusici, zum Verband der Sorben gehörend, siedelten ab dem 8. Jh. in diesem Gebiet. Vermutlich bauten sie im 10. Jh. auf einer Talsandinsel am Westufer der Spree einen slawischen Burgwall. Es war die größte slawische Burg der Niederlausitz. Heute befindet sich dort der Schloss- oder Gerichtsberg mit dem 46 m hohen mittelalterlichen Schlossturm.

Im Schutze der slawischen Burg legten die Sorben eine Vorburgsiedlung an, die sich im 11. und 12. Jh. zu einer frühstädtischen Siedlung entwickelte. Die erste urkundliche Erwähnung von Cottbus stammt aus dem Jahr 1156. Im Zuge der Eroberung und Kolonisierung des Ostens durch die Deutschen wurde die Burg mit einem kaiserlichen Burggrafen besetzt. Im 13. Jh. erfolgte eine planmäßige Anlage der Stadt, und weitere Deutsche siedelten sich an. Sorben und Deutsche leben seitdem gemeinsam in Cottbus.

Ein fränkisches Adelsgeschlecht, die »Herren von Cottbus«, herrschte von 1199 bis 1445 in der Stadt. Ihr Wappentier war der Krebs, den frühe Stadtsiegel und -wappen tragen.

Im Jahre 1405 wurde das Privileg für die Cottbuser Tuchmacherinnung von Johann III. von Cottbus unterzeichnet. Es ist das älteste Zunftdokument der Stadt. Wie die Tuche beschaffen sein sollten und hergestellt werden mussten, wie viel Flachs man der Wolle beizugeben hatte und welche Lehrlinge ausgebildet werden konnten, war in diesem Papier festge-

Die ursprüngliche Schmiede im weitläufig angelegten Park von Branitz.

Links: Die Idee dieses Gartenstils ist es, den Geist zu beflügeln, ihm neue Nahrung zu geben und letztlich das neue Lebensgefühl auszudrücken, das den Menschen in Harmonie mit der Natur sieht. Es ist der geistig-philosophische Aspekt, der den Stil des englischen Landschaftsgartens bestimmt und den Pückler bei der Gartengestaltung angestrebt hat.

Der winterlich eingehüllte Branitzer Landschaftspark im Südosten von Cottbus.

Die sommerliche Seepyramide spiegelt sich im See des Parks von Branitz.

legt. Die Tuchmacher forderten, dass die eheliche Geburt und deutsche Abstammung für die Zulassung zum Gewerk ausschlaggebend sein sollten. Im selben Privileg wurden auch die Gewerke der Bäcker, der Fleischer und der Schuster festgeschrieben.

In den zwanziger Jahren des 15. Jh. war die Lausitz und damit auch Cottbus in kriegerische Auseinandersetzungen mit einfallenden Hussiten verwickelt. Seit 1445 stand Cottbus dann unter ständiger brandenburgischer Herrschaft (bis auf die Jahre von 1807 bis 1815, in denen die Stadt dem Königreich Sachsen angegliedert war).

Die günstige Lage der Stadt an zwei Handelsstraßen förderte die Absatzmöglichkeiten, und die seit 1501 entstandenen Wollmärkte und die in Cottbus hergestellten Tuche waren bald in Böhmen, Sachsen und Brandenburg sehr begehrt. Die jährliche Durchführung von zwei Wollmärkten und das im Jahre 1501 erteilte Privileg zum Abhalten einer Biermeile weist auf die ökonomische Stellung von Cottbus in der niedersorbischen Region hin.

Johann Markgraf von Brandenburg-Küstrin (1513–1571) setzte die Reformation 1537 durch. Er erließ 1540 eine Polizeiverordnung für Cottbus, die über Jahrhunderte ihre Anwendung fand und erließ eine neue Mühlenverordnung für die Stadt.

Ein gewaltiger Stadtbrand vernichtete 1600 die gesamte Stadt. Nur neun kleine Häuser blieben dabei erhalten. Nach der Katastrophe stellte der Kurfürst Bauholz zur Verfügung und befreite die Bürger für fünf Jahre von der Steuerlast. Weitere verheerende Stadtbrände und Pestepidemien sowie die jahrzehntelange Besetzung nach dem Ausbruch des Dreißigjährigen Krieges brachten Zerstörung, Not und Elend über die Einwohner der Stadt.

Erst zu Beginn des 18. Jh. erlebte Cottbus mit der Ansiedlung französischer Hugenotten wieder einen wirtschaftlichen Aufschwung. Durch die Einwanderer kamen neue, bislang unbekannte Gewerke wie die Seidenraupenzucht, der Tabakanbau und die Strumpfwirkerei ins Land, die Handwerk und Handel wieder belebten. Ein europäischer und weltweiter Handel sorgte dafür, dass Cottbuser Tuche jetzt auch in Dänemark, Schweden, im Elsass und in Amerika bekannt wurden.

Im 19. Jh. erfolgte mit der zunehmenden Industrialisierung der Textilindustrie und der Braunkohleförderung ein bedeutender Aufschwung in Cottbus. Die Stadt entwickelte sich zum Zentrum der Niederlausitz und wurde zu einer prosperierenden Industriestadt. Sie erhielt eine moderne Infrastruktur, Kultur-, Sozialbauten und Grünanlagen.

Gegen Ende des Zweiten Weltkrieges wurden große Teile der Stadt durch Bombenangriffe der Alliierten zerstört. Am 22. April 1945 nahm die Rote Armee die Stadt nach schweren Kämpfen ein.

Vom Jahre 1957 an wurde Cottbus zur Bezirkshauptstadt und ihre Umgebung zum wichtigsten Kohle- und Energielieferanten der DDR. Das Bauwesen, die Textil- und Möbelindustrie, aber auch die Nahrungsmittelproduktion bestimmten die Wirtschaftsstruktur der Großstadt.

Nach der Wiedergewinnung der deutschen Einheit begann 1990 die Privatisierung der Wirtschaft, und ein tief greifender Strukturwandel in Stadt und Region setzte ein. Cottbus erfüllt heute eine zentrale Funktion im Dienstleistungs-, Wissenschafts- und Verwaltungsbereich Brandenburgs.

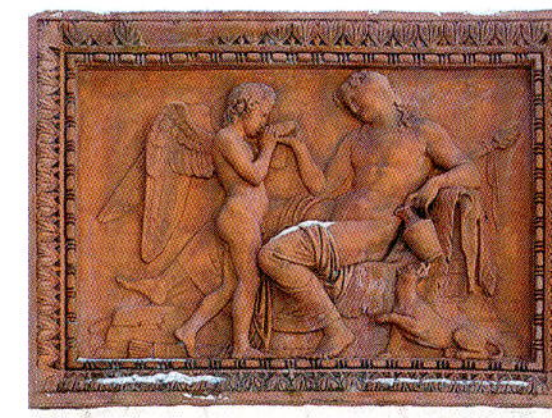

Ursprünglicher Gutshof im Schloss- und Landschaftspark von Branitz.

Drei der Reliefs von dem dänischen Bildhauer Bertel Thorvaldsen (1770–1844) im Pergolagarten vor dem Schloss Branitz.

Das heutige Wahrzeichen der Stadt, der Spremberger Turm, wurde im 13. Jh. erbaut und ist 29 m hoch. Im Jahre 1810 fiel ein großer Teil des Turmes ein, 1823 entstand er nach Plänen Schinkels neu. Der Münzturm ist der älteste Turm der Stadt. Türme, Tore und Wiekhäuser entlang der mittelalterlichen Stadtmauer lassen den Grundriss der Altstadt erkennen. Der Münz- und der Spremberger Turm begrenzen die 1 200 m lange Wehranlage. Durch die Lindenpforte von 1879 schuf man eine rasche Verbindung zwischen der Altstadt und dem Markt in der Neustadt. Der ursprünglich mit Fachwerkhäusern bebaute Altmarkt mit seinem Brunnen war in der Vergangenheit ein wichtiger Handelsplatz. Heute stehen am Markt eindrucksvolle Bürgerhäuser in barockem Stil. Das neue Rathaus mit Reliefs alter Cottbuser Handwerkskunst wurde in den Jahren von 1934 bis 1936 errichtet. In neugotischer Industriearchitektur entstand 1901–1903 das Elektrizitätswerk, das zur Versorgung der städtischen Straßenbahn diente.

Am Mühlengraben sind die alten Häuser der Loh- und Weißgerber zu finden, die Auskunft über die Entwicklung des Gerberhandwerks der Stadt geben. An dem Werk- und Wohnhaus von 1727, dem Wiekhaus von 1760 und dem um 1860 entstandenen Haus, einem Ziegelbau, kann die Entwicklung der Gerberzunft nachvollzogen werden.

Das Schloss Branitz im Fürst-Pückler-Park wurde 1772 im Spätbarock erbaut. Von Gottfried Semper wurde es später umgebaut. Weitere bekannte Bauwerke sind der Cottbuser Wasserturm, die Bauhaus-Schule und das zum Museum umgebaute Dieselkraftwerk.

Mit seiner modernen Stadthalle verfügt Cottbus über die größte Veranstaltungshalle im Land Brandenburg. Zu den vielen sehenswerten architektonischen Besonderheiten zählt vor allem das Staatstheater am Schillerplatz, das 1908 von Bernhard Sehring im Jugendstil errichtet wurde.

Von besonderem architektonischem Reiz ist die evangelische Schlosskirche der Stadt. Sie wurde 1419 als Katharinenkirche erbaut und mehrmals durch Brände zerstört. Die Hugenotten zogen 1714 in den auf den alten Grundmauern errichteten einschiffigen Putzbau mit Walmdach und Sakristei ein. Im Jahre 1870 erhielt er seinen Turm in neugotischem Stil.

Die Kirche St. Nikolai, die so genannte Oberkirche, ist die größte Kirche der Niederlausitz. Neben der Klosterkirche ist sie die zweite mittelalterliche Kirche der Stadt. Ihr Kirchturm ist 55 m hoch. Das Gotteshaus ist ein spätgotischer dreischiffiger Backsteinbau aus dem 14. Jh. Sterngewölbe, Kanzel sowie der 1664 geschaffene Hochaltar zieren das Innere der Kirche. Sie beherbergt einige bedeutende und aufwändig gestaltete Grabdenkmäler aus dem 16. und 17. Jh.

Zu den Resten des ehemaligen Franziskanerklosters aus dem 13. und 14. Jh. gehört die evangelische Klosterkirche, die auch »Wendische Kirche« genannt wird. Für die sorbisch-wendische Bevölkerung war sie das Gotteshaus. Das älteste Cottbuser Kirchengebäude birgt die Grabplatte des Stadtgründers. Diese zeigt das noch gültige Wappentier und ist damit ein wichtiges Zeugnis der Geschichte der Stadt. Heute sind die evangelische Kirche St. Nikolai und die ebenfalls evangelische Klosterkirche jeweils einer Kirchengemeinde in der Stadt zugeordnet.

Weitere Gotteshäuser in Cottbus sind die katholische Kirche St. Maria Friedenskönigin, die Lutherkirche, die katholische Christuskirche und die Madlower Martinskirche.

■ *Winterliche Impressionen vom Branitzer Park.*

■ *Links: Die Parkseite vom Schloss Branitz. Hermann Fürst von Pückler-Muskau legte den 100 ha großen Park am Rande der Stadt Cottbus zwischen 1846 und 1871 nach englischem Vorbild an. Seine Erben übernahmen die Fertigstellung der Parkanlage. Das Schloss liegt in einer weitläufigen und von Gräben durchzogenen Anlage. Durch seine Parkschöpfungen, insbesondere die des Branitzer Parks, wurde Pückler-Muskau neben Peter Joseph Lenné zu einem der bekanntesten deutschen Gartengestalter des 19. Jh.*

In der Stadt Cottbus wurde Carl Blechen (1798–1840) geboren, der zu den bedeutenden Malern des 19. Jh. zählt. Während seiner kurzen künstlerischen Schaffenszeit schuf er ein vielfältiges Werk, das sich im Spannungsfeld zwischen Romantik und Realismus bewegte. 1831 wurde er auf Empfehlung von K. F. Schinkel zum Professor für Landschaftsmalerei an die Berliner Akademie berufen. Als einer der Ersten wandte er sich auch der Darstellung von Industrielandschaften zu.

Blechens Gesundheitszustand verschlechterte sich in den 30er-Jahren zunehmend; er litt unter starken Depressionen. Im Jahre 1836 erfolgte die Beurlaubung vom Lehramt. Er verstarb in geistiger Umnachtung. Nach seinem frühen Tod geriet seine Kunst, die nicht dem damaligen Zeitgeschmack entsprach, in Vergessenheit. Erst im 20. Jh. entdeckte man Blechens Malerei wieder. In seiner Geburtsstadt begann man 1913 mit dem Aufbau einer Sammlung. Heute hat die Cottbuser Blechen-Sammlung mit dem Schloss Branitz einen Ort gefunden, in dem sich künstlerische Landschaftsgestaltung und Landschaftsmalerei gut ergänzen.

■ *Das historische Cavalierhaus im Landschaftspark von Branitz. Hier befindet sich heute eine Gaststätte, die einen winterlichen Spaziergang im Park sehr angenehm macht.*

■ *Das Schloss Branitz liegt mitten im Park und ist seit 1696 im Besitz der Pückler'schen Grafenfamilie. Es wurde zum Hauptsitz des Lausitzer Familienzweiges. Die zweigeschossige verputzte Dreiflügelanlage wurde 1772 für August Heinrich Graf von Pückler umgebaut.*
Nach Zeiten der Verwahrlosung wurde das Haus ab 1846 von Hermann Fürst von Pückler-Muskau um- und ausgebaut. Zur damaligen Zeit begann die Entstehung des Parkes, als Hermann von Pückler-Muskau seinen Wohnsitz Schloss Muskau in Muskau und den dortigen Park aufgrund finanzieller Probleme aufgeben musste und nach Branitz zog.
Seit 1946 wird das Schloss museal genutzt. Im Ostflügel hat die Sammlung Carl Blechen »Genie der Farbe – Maler des Lichtes« ihren Platz gefunden.

■ *Der ehemalige Marstall im Schlosspark von Branitz.*

In ungewöhnlicher architektonischer Form präsentiert sich das Informations-, Kommunikations- und Medienzentrum seit dem Jahr 2005. Die Baseler Architekten Jacques Herzog & Pierre de Meuron erhielten nach einem Wettbewerb den Auftrag für das Multimediazentrum der BTU Cottbus.

Detail der Glasfassade des Medienzentrums.

Die neu gestaltete Eingangszone des Hauptgebäudes auf dem Campus der Brandenburgischen Technischen Universität (BTU) Cottbus.

25.01.–
29.03.2009
MIT ABSTAND –
GANZ NAH
FOTOGRAFIE
AUS LEIPZIG
06.03.–
07.06.2009
VOLLER LEBEN
AUS DER
SAMMLUNG
08.04.–
14.06.2009
HUMOR?
PLAKATE
AUS ALLER WELT

■ *Im Jahre 2008 haben die Brandenburgischen Kunstsammlungen Cottbus im »dkw Cottbus« (Kunstmuseum Dieselkraftwerk Cottbus) ihre neue Wirkungsstätte erhalten. In den Räumen des ehemaligen Maschinen- und Schalthauses sind interessante Kunstwerke ausgestellt.*
Zu den umfassenden Sammlungen des »dkw Cottbus« gehören etwa 22 000 Werke, darunter ca. 570 Gemälde, 120 Skulpturen, an die 4 000 grafische Objekte, 2 600 Fotografien sowie 8 000 Plakate.

■ *Links: Das ehemalige Dieselkraftwerk von 1928 wurde von dem Architekten Werner Issel in Stahlskelettbauweise errichtet und mit roten Klinkern aus Großräschen verblendet.*

Das Hauptfoyer des Cottbuser Staatstheaters mit kniender Venus und einigen Musen unter dem »Sternenhimmel«.

Blick vom oberen Rang in den Theatersaal.

Cottbuser Bürger verhinderten 1945 die Sprengung des Gebäudes, das u. a. als Munitionslager gedient hatte. Seit 1992 ist das Cottbuser Theater das einzige Staatstheater im Land Brandenburg. Mit seinen Inszenierungen hat es sich auch überregional einen guten Namen geschaffen.

Figuren an der Fassade.

Rechts: Die Stadtverordneten von Cottbus beschlossen 1905 den Neubau eines Stadttheaters. Der Gewinner des Wettbewerbs wurde Bernhard Sehring, der schon mit seinem Berliner »Theater des Westens« großes Aufsehen erregt hatte. Das Cottbuser Theater errichtete er im späten Jugendstil.
Der Architekt verband Architektur, Kunsthandwerk, Malerei und Plastik harmonisch miteinander. 1908 wurde das Haus mit Lessings Schauspiel »Minna von Barnhelm« eröffnet.

WILHELMSMUEHLE

Am Mühlengraben stehen die ältesten Loh- und Weißgerberhäuser aus den Jahren von 1727 bis 1860.

Der Turm auf dem Schlossberg erhielt 1877 die Zinnenkrone und eine neugotische Haube.

Das Gericht von Cottbus wurde in den Jahren 1905–1907 in Renaissanceformen erbaut.

Blick auf die Loh- und Weißgerberhäuser von der Straßenseite.

Die Spree am südlichen Stadtrand von Cottbus.

Links: Das Elektrizitätswerk wurde 1901 und 1903 in neugotischer Industriearchitektur errichtet. Es diente zur Stromversorgung der städtischen Straßenbahn.

Links: Die Wilhelmsmühle ist in mehreren Bauabschnitten zwischen 1840 und 1930 entstanden. 1836 wurde die alte Weißgerberwalkmühle abgerissen und der anschließende Neubau als Tuchwalke genutzt, bis er 1856 zur Mahlmühle umgerüstet wurde. 1876 erfolgte der Anbau einer Ölmühle.

■ *Die Lindenpforte wurde erst 1879 geschaffen, um eine schnelle Verbindung zwischen Neu- und Altstadt herzustellen. Dafür wurde der ursprüngliche Wehrturm durchbrochen.*

■ *Die bis zu 6 m hohe Stadtmauer von Cottbus wurde im 15. Jh. mit Toren und Türmen angelegt.*

■ *Bürgerhäuser am Marktplatz von Cottbus. Der einst wichtige Handelsplatz war mit Fachwerkhäusern umbaut. Heute zeigt sich der Platz als Ensemble von Bürgerhäusern im barocken und klassizistischen Stil. Der Brunnen entstand 1991 in Anlehnung an historische Formen.*

Die Oberkirche St. Nikolai in Cottbus ist die größte Kirche der Niederlausitz. Sie ist ein spätgotischer dreischiffiger Backsteinbau. Im Inneren sind Sterngewölbe und Kanzel sowie ein 1664 erbauter Hochaltar mit prächtiger Alabasterschnitzerei erhalten.

Die Schlosskirche wurde 1419 als Katharinenkirche erbaut und durch mehrere Brände zerstört. Die Hugenotten errichteten im Jahre 1714 auf älteren Grundmauern einen einschiffigen Putzbau mit Walmdach. 1870 erhielt sie ihren neogotischen Turm.

Der Spremberger Turm aus dem 13. Jh. wurde 1823–1825 erneuert und mit einem Zinnenkranz versehen.

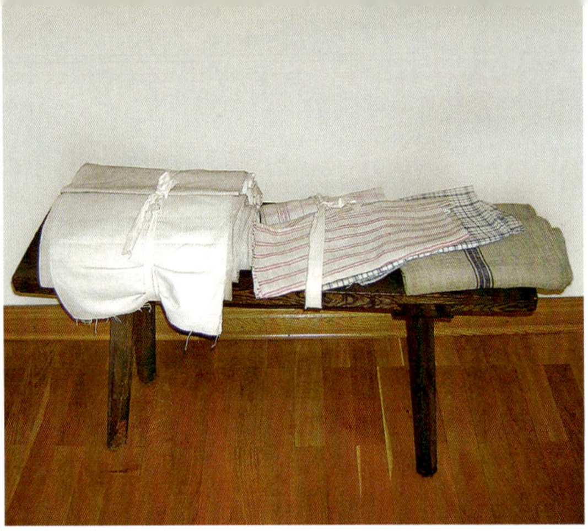

■ *Das Wendische Museum bewahrt das kulturelle Erbe der Sorben oder Wenden. Anhand von Ausstellungsstücken wird das Leben dieses Bevölkerungsteils in der Niederlausitz aufgezeigt. Dazu zählen ihre Bräuche, die Sprache, kulturelle Besonderheiten und Gegenstände des Alltags. Die Ausstellungen werden zweisprachig, in Deutsch und Niedersorbisch, gestaltet. Besonders beliebt sind Ausstellungen zur sorbischen Volkskunst.*

■ *Der Eingang zum Wendischen Museum Cottbus. Im Museum werden u. a. Schränke, Truhen, Textilien, Bilder, Bücher, lebensgroße Trachtenfiguren, Trachten, Haushaltsgegenstände und traditionell gestaltete Ostereier ausgestellt.*

Nieder-Lausitzsche
Wendische
GRAMMATICA
Das ist
Möglichste
Anweisung
zur Erlernung
der
Nieder-Lausitzschen
Wendischen Sprache
verfertiget
von
M. Johann Gottlieb Hauptmann.
Vitteb. Sax. Pastore in Lübbenau.

Lübben, gedruckt und verlegt
bey Johann Michael Driemeln.
1761.
Bronisch.

Der Innenhof des Wendischen Museums. Im Jahre 1908 wurde im Cottbuser Heimatmuseum erstmals eine Wendische Bauernstube eingerichtet. Zwischenzeitlich war die Sammlung an verschiedenen Standorten untergebracht.
Im Jahre 1994 fand das Wendische Museum (Serbski muzej) von Cottbus seinen neuen Platz in der Mühlenstraße.

Gäste aus Baden-Württemberg bemalen Ostereier in traditioneller Wachstechnik.

Eine wendische Grammatik (des Niedersorbischen) aus dem 18. Jh. gehört u. a. zu den Schätzen des Museums.

Landkreis Spree-Neiße

6

Der Landkreis Spree-Neiße (niedersorbisch: Wokrejs Sprjewja-Nysa) liegt ganz im Südosten des Landes Brandenburg und grenzt an die östlich gelegene Republik Polen; der Grenzfluss ist die Neiße. Der Landkreis liegt zwischen den Metropolen Berlin und Dresden und erstreckt sich vom Oberspreewald im Nordwesten bis zur Neiße im Osten. Im Süden schließt sich das Bundesland Sachsen an. Nördlich berühren die Kreise Oder-Spree und Dahme-Spreewald den Landkreis und westlich grenzt der Kreis Oberspreewald-Lausitz an. Die kreisfreie Stadt Cottbus wird vollständig vom Landkreis Spree-Neiße umschlossen.

Zu den Städten des Kreises gehören Döbern, Drebkau, Forst, Guben, Peitz, Spremberg und Welzow. Die Kreisstädte Forst, Spremberg und Guben zählen mit jeweils 20 000 bis 25 000 Einwohnern zu den größten Städten der Gegend.

Flüsse wie Neiße, Spree und große Gewässer nordöstlich und südöstlich von Cottbus gehören zur Region, so z. B. die Cottbuser Seen, der Teufelsteich und der Neuendorfer Teich bei Peitz. Im Süden von Cottbus liegt der Stausee der Talsperre Spremberg. Weitere kleinere Seen der Region sind der Klinger See und der Taubendorfer See. Auch die fischreichen Karpfenteiche bei Peitz gehören dazu.

Eine in der Peitzer Hütte gegossene Schmuckplatte aus Eisen.

Das Hütten- und Fischereimuseum in Peitz. Im Zusammenhang mit dem Bau der Festung Peitz ließ Markgraf Johann von Brandenburg-Küstrin um 1550 das Hüttenwerk anlegen. Bis zum Jahre 1858 wurde hier der heimische Raseneisenstein verhüttet. Aus dem so gewonnenen Eisen stellte man Kanonenrohre und -kugeln, verschiedenste Haushaltsgegenstände sowie Glocken her. Die Geschichte der Fischerei wird in der ehemaligen Werkstatt und in der historischen Formerei dargestellt.

Die Autobahn A15 verläuft vom Dreieck Spreewald über Cottbus und Forst zur deutsch-polnischen Grenze. Vom Abzweig Lübbenau führt die A13 südwärts nach Dresden am Landkreis Spree-Neiße vorbei. Durch zahlreiche weiterführende Bundes- und Fernverkehrsstraßen werden die Orte des Landkreises miteinander verbunden.

Die Stadt Peitz gehört zu den bekanntesten Städten des Landkreises. Sie liegt am Ostrand des Spreewaldes und besaß im 15. Jh. eine Festung und eine Stadtmauer. Der Ort liegt in ebener Landschaft am Flüsschen Malxe in der Niederung Spree-Malxe an einer wichtigen Verbindungsstraße, die von Cottbus nach Frankfurt (Oder) führt.

Mitte des 13. Jh. begann man, beauftragt durch die Markgrafen von Meißen, mit dem Bau einer Burg, die erstmalig 1301 unter dem Namen »Pizne oppidum et castrum« erwähnt wurde. Im Schutze der Burg entstand 1336 eine Siedlung mit gitterförmigem Straßennetz sowie einem rechteckigen Marktplatz mit Rathaus und Kirche. Erst im 15. Jh. wurde die Stadt mit einer Mauer und zwei Stadttoren versehen.

Positive und negative Formen zur Vorbereitung für den Eisenguss.

In der nahe gelegenen Stadt Guben schlossen der Kurfürst Friedrich II. von Brandenburg und König Georg Podiebrad von Böhmen nach kriegerischen Auseinandersetzungen am 5. Juni 1462 Frieden, in welchem Brandenburg seine vor 1448 erworbenen Besitzungen, darunter die Herrschaft Cottbus und die Vogtei Peitz, behielt.

Mitte des 16. Jh. erfolgte der Bau einer Festung in Peitz. Diese Renaissancefestung sicherte als strategische Grenzfestung von 1562 bis 1767 die territoriale Exklave Brandenburgs/Preußens in der böhmischen und später sächsischen Niederlausitz. Das Wissen italienischer und niederländischer Baumeister floss in den Bau der ausgereiften Bastionsanlage ein. Wälle, Bastionen und Vorwerke waren von breiten Wassergräben umgeben. Für Peitz war die einmalige Anordnung von vier Halbbastionen in der Zitadelle typisch (Abb. S. 8). Zur Festung gehörte ein Kanalsystem, welches die Wasserzufuhr für die Festungsgräben sicherte.

Im Dreißigjährigen Krieg suchten viele Menschen Schutz in der Peitzer Festung, und einige Landadlige verlegten sogar ihren Wohnsitz nach Peitz.

Die Festung hatte nach dem Siebenjährigen Krieg (1756-1763) keine große militärische Bedeutung mehr, und Teile des Festungsgeländes wurden deshalb verpachtet. Im Jahre 1767 ließ Friedrich II. erstmals Teile der Festung schleifen. Dennoch besitzt Peitz neben dem Turm auch heute noch andere Zeugen aus der Festungszeit.

Im Jahre 1770 erließ König Friedrich II. eine Order, in der er die Ansiedlung von 24 sächsischen Tuchmacherfamilien und eines Tuchbereiters in Peitz verfügte. Jeder von ihnen sollte eine freie Wohnung oder ein Wohngeld von 15 Talern erhalten. Ebenso waren diese Handwerker für zwei Jahre von der Akzise und 15 Jahre von der Einquartierung von Soldaten befreit.

Raseneisenstein, ein nachträglich verfestigtes Gemenge aus Sand, Ton oder Schluff und Eisenoxid in verschiedenen Mengenanteilen, war ein wichtiger Baustoff in Brandenburg. In den südlich von Peitz gelegenen Gebieten, in denen man das Gestein abbaute, wurden die entstandenen Gruben in die Errichtung großflächiger Fischteiche einbezogen. Heute ist die Peitzer Hütte, die den Raseneisenstein verarbeitete, ein Museum. In einem Teil des historischen Hauses befindet sich das Fischereimuseum.

Die angelegten Teiche dienen bis in die Gegenwart der Fischzucht, die die niederlausitzische Stadt weit über die regionalen Grenzen hinaus bekannt gemacht hat. Das Peitzer Teichgebiet ist mit rund 1 000 ha das größte zusammenhängende Teichgebiet in Deutschland, hier werden Karpfen gefischt und verkauft.

Seit 1953 beginnt das traditionelle Fischerfest jedes Jahr mit dem Abfischen des Hälternteichs in Peitz. Mehr als 1 000 Besucher kommen zum Hafen am Hüttenwerk, wenn am Morgen die ersten von insgesamt 700 t Karpfen aus dem Teich, der in Sichtweite des Jänschwalder Kraftwerkes liegt, geholt werden.

Die Stadt Spremberg liegt an der Spree und wurde erstmals 1301 erwähnt. Der historische Teil von Spremberg befindet sich nur noch auf der Spreeinsel. Durch mehrere große Stadtbrände und Kriegseinwirkungen (zuletzt 1945, als die Innenstadt zu 70 Prozent zerstört wurde) wurden viele alte Gebäude der Stadt vernichtet. Noch in den Jahren 1988/1989 wurden aufgrund des sozialistischen Wohnungsbauprogramms weitere Straßenzüge in der Altstadt abgerissen, um Neubauten Platz zu machen.

Der Name Spremberg (niedersorbisch: Grodk) wurde aus »Spree am Berg« abgeleitet. Der Schriftsteller Erwin Strittmatter (1912–1994), aus Bohsdorf nahe Spremberg, fasste das in seiner Romantrilogie »Der Laden« wie folgt zusammen: »Grodk liegt im Tale, sagen die Sorben. Spremberg liegt am Berge, sagen die Deutschen. Spree am Berg gleich Spremberg. Grodk gleich Stadt, sagen die Sorben, wir sein länger hier wie die Deitschen«. Strittmatter gehörte zu den bekanntesten Schriftstellern der DDR.

Guben in der Niederlausitz liegt am westlichen Ufer der Neiße. Der Ort entstand an einer schmalen Stelle des Neißetales. Die westlich und östlich des Flusses gelegenen Hochflächen sind die Kaltenborner und Gubener Berge.

Im Jahre 1033 wurde Guben erstmals als Handwerker- und Marktort an der Kreuzung der Handelsstraßen erwähnt, die von Leipzig nach Posen (Poznań) und von Görlitz nach Frankfurt (Oder) führten. Archäologische Funde belegen jedoch, dass die erste Besiedlung der Region schon in der Bronzezeit begann. Am Ostufer der Neiße war die erste Siedlung durch die Lubst, einen Nebenfluss der Neiße, sowie durch umliegende Sümpfe geschützt. Am westlichen Ufer entstand im Zuge der deutschen Ostsiedlung ein Benediktiner-Nonnenkloster, das 1157 gegründet wurde und bis 1564 bestand. Aus der ehemaligen Klostervorstadt entwickelte sich die Stadt Guben. Im Jahre 1235 erhielt sie durch den Wettiner Markgrafen von Meißen, Heinrich den Erlauchten, ihr Stadtrecht. Guben gehörte bis 1815 zur Markgrafschaft Niederlausitz, die von 1367 bis 1635 in das Königreich Böhmen integriert war. Die erste Stadtbefestigung mit drei Toren entstand im 14. Jh.; in den Jahren 1523-1544 baute man die Anlagen weiter aus.

1635 wurde der Kurfürst von Sachsen Johann Georg I. vom deutschen Kaiser mit der Markgrafschaft der Niederlausitz und der dazugehörigen Stadt Guben belehnt.

Im 17. Jh. begann die evangelische Kirche, im sorbischen Randgebiet um Guben eine Germanisierungspolitik zu betreiben. Angestrebt wurde, die sorbische Sprache, die damals weitgehend die Muttersprache der Bevölkerung war, in der Region gänzlich abzuschaffen. Sorbische Schriften wurden eingezogen und deutscher Schulunterricht eingeführt. Auch die sorbischen Gottesdienste, die es seit der Reformation in der Lausitz gegeben hatte, wurden abgeschafft, und bis zum Ende des 18. Jh. wurde das Sorbische in der Gegend um Guben aus dem Alltag verdrängt.

1815 wurde das Markgrafentum der Niederlausitz aufgelöst, und Guben wurde Kreisstadt in der preußischen Provinz Brandenburg.

Mit beginnender Industrialisierung erhielt auch die Stadt Guben einen Bahnanschluss, der seit 1846 nach Frankfurt (Oder) und Breslau (Wrocław) sowie ab 1871 nach Cottbus führte. 1904 errichtete man eine Bahnverbindung nach Forst.

Die Kohleförderung im Gubener Gebiet begann im Jahre 1848. Man förderte Braunkohle, die in der örtlichen Industrie verwendet wurde. Zeitweilig bestanden bis zu sieben Gruben, wovon die letzte im Jahre 1927 geschlossen wurde.

Aus den örtlichen Manufakturen des 16. Jh. entwickelte sich im 19. Jh. eine prosperierende Tuchfabrikation. Durch die Gründung des Deutschen Zollvereins und durch die Nutzung der einheimischen Braunkohle erfolgte ein schneller ökonomischer Aufschwung Gubens. 1866 wuchs die Zahl der Tuchfabriken auf 17 an, und 1870 arbeiteten bereits 30 Tuchfabriken. Es entstanden Eisengießereien und Maschinenbaufirmen sowie eine Teppich-, Strumpf- und Schuhfabrikation und in Groß Gastrose die Niederlausitzer Mühlenwerke.

Parallel zur Industrialisierung begann 1822 der erste Hutmacher des Ortes Carl Gottlob Wilke seine Produktion. Die Söhne Friedrich und Theodor übernahmen 1859 die Werkstatt, und Friedrich Wilke begann 1869 seine eigene Hutfabrikation. Den weltweiten Durchbruch für die Firma brachte die Erfindung des wetterfesten Wollfilzhutes, der die »Gubener Hüte« weltbekannt machte.

Im Jahre 1887 stiftete Friedrich Wilke zur Erinnerung an seine verstorbene Tochter das Kinderkrankenhaus Naemi-Wilke-Stift. Im Jahre 1903 gründete er zum Gedenken an seinen ebenfalls sehr früh verstorbenen Sohn Karl Emil Friedrich die Jugendstilkirche der Stadt. Auf Initiative des Gubener Hutmachers wurde die Kirche Des Guten Hirten gegründet. In den Jahren 1902/1903 plante und errichtete das Berliner Architekturbüro Otto Wilhelm Spalding und Alfred Grenander das Gotteshaus im Jugendstil.

1884 bildete die Stadtgemeinde Guben einen eigenen Stadtkreis. Mit ansteigender Einwohnerzahl auf über 33 000 im Jahre 1900 entstanden in der Folge viele öffentliche Einrichtungen, wie das Wasserwerk, der Schlachthof, die Pestalozzischule, das städtische Museum und die Volksbibliothek. Umfangreiche Siedlungsbauten erfolgten nach dem Ersten Weltkrieg im Stadtgebiet und am östlichen Stadtrand. Errichtet wurde auch die Neißebrücke, die heute nach Gubin führt.

Im Jahre 1938 wurde die Synagoge der Jüdischen Gemeinde geschändet und der jüdische Friedhof von 1839 zerstört.

Mit dem Aufbau des Werkes der Rheinmetall-Borsig AG Düsseldorf, das ausschließlich der Rüstungsproduktion diente, begann man im Jahre 1940. Im Werk arbeiteten 1944 etwa 4 500 Beschäftigte, wovon annähernd die Hälfte Kriegsgefangene und Zwangsarbeiter waren.

Am Ende des Zweiten Weltkrieges erlitt die Stadt durch harte Kämpfe schwere Zerstörungen. Fast die gesamte historische Bausubstanz wurde zerstört. Mit der Festlegung der deutsch-polnischen Grenze an Oder und Neiße im Potsdamer Abkommen von 1945 musste die deutsche Bevölkerung den östlich der Neiße gelegenen Teil Gubens verlassen. Durch die Teilung der Stadt entwickelte sich die ehemalige westliche Vorstadt an der Neiße zu einer eigenständigen Stadt.

Mit dem Chemiefaserkombinat Guben (CFK), dessen Aufbau 1960 erfolgte, entstand zusammen mit den Textilbetrieben Gubener Wolle und den Hutwerken die neue industrielle Struktur der Stadt Guben in der DDR. Durch den wirtschaftlichen Aufschwung wuchs die Zahl der Einwohner an, und neue Wohngebiete entstanden in der Stadt. Nach der deutschen Wiedervereinigung verlor die Stadt in den 90er-Jahren erheblich an wirtschaftlicher Bedeutung, was sich auch im Sinken der Einwohnerzahlen widerspiegelte.

Durch die Kreisreform von 1993 wurde Guben eine Stadt im neu gegründeten Landkreis Spree-Neiße. Unter Einbeziehung einiger historischer Gebäudeteile der ehemaligen Hutfabrik entstand das neue Stadtzentrum von Guben. Im Zusammenwirken mit der polnischen Partnerstadt Gubin ist die Stadt bemüht, gute Nachbarschaftsbeziehungen zu entwickeln. Nur wenige größere Unternehmen zählen zu den Arbeitgebern in der Region.

Zu den kulturellen Einrichtungen der Stadt gehören u. a. das Neue Rathaus, das Stadt- und Industriemuseum und das Heimatmuseum »Sprucker Mühle«. Auch das Deutsch-Slawische Kulturzentrum im »Ludwig-A.-Meyer-Haus« ist als kulturelle Einrichtung der Stadt Guben und Begegnungsstätte gedacht. Der Sinn ist es, Interesse und Verständnis für das sorbische Brauchtum sowie für die Traditionen und die Kultur der polnischen Nachbarn zu wecken. Der Name des Kulturzentrums erinnert an den jüdischen Fabrikanten Ludwig A. Meyer, der 1922 das 1898 im Stil der Neorenaissance errichtete Haus gekauft hatte. 1992 wurde das Haus durch die Stadt Guben erworben.

Die Evangelisch-Lutherische Gemeinde Des Guten Hirten entstand im Jahre 1836 als Reaktion auf die von König Friedrich Wilhelm III. von Preußen 1830 zwangsverordnete Union zwischen Lutheranern und Reformierten.

Stadtpfarrkirche ist die Klosterkirche, ein neugotischer Backsteinbau von 1862, der nach Plänen des Baumeisters Emil Karl Alexander Flaminius (1807–1893) errichtet wurde. Das Kircheninnere wird durch die besondere Holzkonstruktion und die 33 Glasfenster bestimmt, die 1998/1999 nach Entwürfen des Berliner Künstlers H. Warme eingebaut wurden und mit der Geschichte der Stadt Guben verbunden sind.

Auch die Stadt Forst (Lausitz) liegt an der Neiße. Am gegenüberliegenden Ufer befindet sich die polnische Ortschaft Zasicki, die bis 1945 ein Forster Stadtteil war. Forst ist seit 1993 Kreisstadt des Landkreises Spree-Neiße.

Am Übergang einer wichtigen Salzstraße von Halle nach Glogau (Głogów), die über die Neiße führte, entstand südlich des sorbischen Dorfes Altforst um 1150 eine erste Kaufmannssiedlung mit der Nikolaikirche, woraus sich ab 1265 eine regelmäßig angelegte Stadt mit der Marienkirche entwickelte. Forst wurde im 14. Jh. erstmals als Stadt bezeichnet. Für die weitere Entwicklung von Forst war später auch die Nord-Süd-Straße, die von Guben in die (Nieder-)Lausitz führte, von großer Bedeutung. Katharina von Ileburg bekam im Jahre 1352 von Friedrich III. von Meißen die Herrschaft Forst verliehen.

Seit dem Jahre 1380 herrschten die Bibersteins als Vasallen des Markgraftums (Nieder-)Lausitz auf der Burg, auf der sie bis zum Aussterben der Adelsfamilie im Jahre 1667 lebten. Im Jahre 1428 bestätigte die Adelsfamilie Biberstein die Stadtrechte von Forst. Nach der Reformation wurde auch in Forst in sorbischer Sprache gepredigt.

Im Dreißigjährigen Krieg besetzte Wallenstein im Jahre 1626 mit seinen Truppen die Stadt, die neun Jahre später zusammen mit der gesamten Niederlausitz an das Kurfürstentum Sachsen fiel.

Der 36 m hohe Festungsturm mit seinen dicken Außenmauern ist der älteste Zeuge der ehemaligen Grenzfestung Peitz. Im Kern des Turms ist ein Teil des ehemaligen gotischen Bergfrieds der Burg aus dem 13. Jh. enthalten.
Im Festungsturm befindet sich das Heimatmuseum mit Ausstellungsstücken und Dokumenten zur Geschichte der Stadt und der ehemaligen Festung Peitz.

Innenansicht der Werkhalle mit gewölbter Dachkonstruktion. Das Herzstück des Hüttenmuseums ist die alte Hochofenhalle mit der erhaltenen Ofenanlage. Sie zeigt den technologischen Stand der frühindustriellen Eisengießerei im 19. Jh. Das Gebäude und seine Dachkonstruktion wurden saniert. Der besondere Reiz der Schauanlage besteht darin, dass das Gebäude weitestgehend als bauliches und technisches Denkmal erhalten ist. Seit dem Jahr 2001 wird die Hochofenhalle durch die Dauerausstellung »Das Hüttenwerk Peitz – Aufstieg und Niedergang eines Industriestandortes« bereichert.

Muster von Lauf- und Transmissionsrädern aus Eisenguss.

Technische Geräte zur Eisenschmelze.

Links: Blick in die Werkhalle der alten Eisengießerei von Peitz mit dem großen Schmelzofen der Hütte und der seitlich eingezogenen Empore.

■ *Das historische Hüttengelände von Peitz grenzt an die nahe gelegenen Teiche.*

■ *Ein Mini-Zoo befindet sich am Uferweg des Gewässers.*

■ *Rechts: Der Marktplatz von Peitz mit dem östlichen Giebel des Rathauses, der 1850 im Tudorstil umgestaltet wurde.*

Bereits seit 1418 prägte das Tuchmacherhandwerk die Wirtschaft der Stadt. Weitere Tuchmacher aus den Niederlanden sowie aus Schlesien zogen um 1628 in die Stadt, so dass im Jahre 1695 die privilegierte Innung 50 Meister zählte. Im Jahre 1746 erwarb Graf Heinrich von Brühl die Herrschaft Forst.

Ein großer Brand von 1748 verwüstete die Stadt, die jedoch nach Plänen von Brühl und dem Baumeister Johann Christoph Knöffel wieder aufgebaut wurde. Der Graf richtete nach 1750 in der Stadt Forst eine Tuch- und Leinenmanufaktur im Jahnschen Schloss ein, das heute nicht mehr existiert.

Um 1800 wurden die sorbischen Gottesdienste auch in Forst als Folge der von den Landesherren betriebenen Germanisierungspolitik abgeschafft. 1815 kam die Stadt durch die Festlegungen des Wiener Friedens an Preußen.

Der Forster Kaufmann Jeschke errichtete im Jahre 1821 auf dem Schlossanwesen die erste Spinnfabrik. Die Herstellung von Buckskin (gerautes Wollgewebe) seit 1840 und die Einführung der Dampfmaschine 1844 ließen Forst zum erfolgreichen »deutschen Manchester«, zu einer bedeutenden Textilstadt werden.

1891 entstand die erste Webschule in Forst. Mit der weiteren Industrialisierung stieg auch die Einwohnerzahl der Stadt auf über das Zehnfache an. 1830 waren es nur 2 600, um 1900 bereits 32 000 Einwohner. Bahnverbindungen nach Cottbus, nach Weißwasser und nach Guben entstanden. Im Jahre 1922 wurde die Große Neißebrücke errichtet, und 1932 begann man mit der Regulierung des Flusslaufs.

In der Pogromnacht im Jahre 1938 wurde die Synagoge der Jüdischen Gemeinde geschändet, und im Zweiten Weltkrieg wurde sie gänzlich zerstört.

Am Ende des Zweiten Weltkrieges im April 1945 eroberten sowjetische Truppen die Stadt. Nach Beendigung der Kämpfe lag die Stadt zum Großteil in Trümmern. Die Gebiete östlich der Neiße (ehemals Stadtteil Berge) wurden unter polnische Verwaltung gestellt.

1952 wurde Forst Kreisstadt im Bezirk Cottbus. Zahlreiche neue Bauten wurden in den 1970er- und 1980er-Jahren in der Innenstadt errichtet. Nach der Wiedervereinigung begann die Neugliederung der kommunalen Strukturen, und im Jahre 1993 wurde Forst Kreisstadt des neuen Kreises Spree-Neiße. 2002 erfolgte die Eröffnung der deutsch-polnischen Grenzbrücke, der »Brücke der Europäischen Union Forst-Zasieki«.

2004 wurde der Stadt der Titel »Rosenstadt« verliehen. Der »Ostdeutsche Rosengarten Forst« gehört zu den Sehenswürdigkeiten der Stadt. Auch das Textilmuseum, das Industrie- und Heimatmuseum, der Wasserturm und die älteste Radrennbahn Deutschlands von 1906 sind sehenswert.

WERNESGRÜNER
WERNESGRÜNER
WERNESGRÜNER

■ *Alle Jahre findet in Peitz der große traditionelle Festumzug anlässlich des Peitzer Fischerfestes statt, an dem sich Firmen, Vereine, Gruppen und Einzelpersonen beteiligen. Mit viel Spaß, Musik und in originellen Kostümen ziehen die Gruppen mit kuriosen Schaubildern an den Zuschauern vorbei.*

■ *Der alte, vermutlich zwischenzeitlich eingemottete Motorroller erfreut sich offensichtlich nicht nur bei der attraktiven Fahrerin, sondern auch bei den vielen Schaulustigen großer Beliebtheit.*

Der große Karpfen ist ein Symbol, das mit den Fischern von Peitz eng verbunden ist und zum jährlichen Umzug gehört.

Zum Peitzer Fischerfest gehören natürlich auch traditionell die mit dem Wasser verbundene Nixe und Neptun. Die wasserliebenden Fabelwesen träumen an Land von einer Achse Paris-Peitz-Peking.

Geschmückte junge Paare und Musikgruppen in roten und blauen Fantasieuniformen gehören zum Festumzug.

■ *Die jungen Mädchen haben zum feierlichen Peitzer Festumzug ihre Trachten angelegt.*

■ *Hoch auf dem mit Fellen und Geweihen geschmückten Wagen schauen die Männer des Jagdvereins dem bunten Treiben zu.*

■ *Auch die erfahrenen Feuerwehrmänner fehlen bei keinem der traditionellen Festumzüge.*

■ *Hoch zu »Ross« hat der Gaukler eine gute Sicht über die Menschenmenge.*

Das Fischerfest in Peitz findet traditionell am zweiten Augustwochenende statt. Die »Königinnen« des Fischerfestes haben ihren Ehrenplatz auf dem geschmückten Umzugswagen eingenommen.

Die Mädchen der Tanzgruppe bringen Pariser Charme in den langen Festumzug.

Die Darbietungen des Peitzer Turnvereins sind die sportlichen Höhepunkte des langen Zuges, der über viele Stunden durch die fröhlich ausgelassene Stadt zieht.

Eine der Umzugsteilnehmerinnen aus dem Verein der »Turnower Waschweiber« hat es sich bei dem sehr warmen und sommerlichen Wetter im Zuber bequem gemacht und hofft, den lang anhaltenden Festumzug so gemütlich zu überstehen. Blaudruckrock und blütenweiße Wäsche gehören zum Markenzeichen der »Waschweiber«. Der Ort Turnow entstand im 16. Jh. im Zusammenhang mit der Errichtung der nahe gelegenen Festung Peitz.

Die lang gestreckte Pfarrkirche von Burg ist ein frühklassizistischer Putzbau aus den Jahren 1799–1804, deren quadratischer Turm durch eine Laterne abgeschlossen wird.

Die Getreide- und Futtermühle an der Wehranlage des Hafens von Burg.

Traditionelle Holzbohlenhäuser in Burg. Der Ort ist sehr alt und war schon in der Jungsteinzeit und der Bronzezeit besiedelt. Anzeichen dafür fanden sich auf dem Schlossberg.
Bereits um 600 n. Chr. lebten hier Sorben. Der polnische König Bolesław I. ließ um das Jahr 1000 eine Burg errichten, die eine der größten Anlagen nördlich der Mittelgebirge war.
Die Lebensbedingungen der Menschen waren immer schwierig, denn alles musste mit dem Kahn bewerkstelligt werden.
Zwischen den Jahren 1850 und 1920 verließen etwa 2 500 Sorben oder Wenden aus wirtschaftlicher Not ihre Dörfer in der Region Cottbus und wanderten aus. Die Menschen gingen nach Kanada, Australien, Südafrika und in die USA.

Der Naturpark Schlaubetal ist ein viel besuchtes Ausflugsgebiet im südöstlichen Brandenburg. Das Schlaubetal verläuft in nord-südlicher Richtung von Müllrose im Landkreis Oder-Spree bis fast zur Stadt Peitz im Landkreis Spree-Neiße. Der Naturpark liegt zwischen der Lieberoser Hochfläche und den östlich verlaufenden Flüssen Oder und Neiße. Die namengebende Schlaube und einige kleine eiszeitlich entstandene Seen prägen die natürliche Landschaft.

Der 20 km lange Lauf der Schlaube, die in der Wirchenwiese unmittelbar südlich des Wirchensees entspringt, bietet viel Abwechslung. Wie ein Mittelgebirgsbach windet sie sich zunächst durch ein Kerbtal mit steilen, bis zu 30 m hohen Schluchten, an deren Hängen Traubeneichen und Buchen wachsen.
Zahlreiche Quellen des Umlandes speisen den Bach. Zu Beginn gibt sich die Schlaube als Wiesenbach, der sich durch eine Landschaft mit idyllisch gelegenen Seen, Teichen und Mooren schlängelt.
Im südlichen Teil des Naturparks hat eine jahrzehntelange militärische Nutzung des Territoriums ausgedehnte Heideflächen geschaffen. Auf diesen trockenen und nährstoffarmen Sanderflächen blühen im Frühling gelber Besenginster und Ende des Sommers violettfarbenes Heidekraut.
Die Vielgestaltigkeit der Landschaft hat eine Fülle unterschiedlichster Lebensräume geschaffen, in der seltene und gefährdete Arten leben. Es gibt Tier- und Pflanzenarten, die nur noch im Naturpark Schlaubetal vorkommen. Dazu gehören die Orchideenarten des Frauenschuhes und der Korallenwurz. Im Naturpark leben Großschmetterlingsarten, Fischotter und mehrere Fledermausarten, See- und Fischadler, Schwarzstörche und Eisvögel.
Mit seinem gut ausgebauten Wo genetz und einigen Gasthäusern ist der Naturpark Anziehungspunkt für Wanderer und Ausflügler.

Blick über das weite Areal des Lausitzer Braunkohletagebaus von Jänschwalde. Im Hintergrund der Grube liegt das Kraftwerk Jänschwalde, in dem vorrangig die Rohbraunkohle aus dem nahe gelegenen Tagebau verstromt wird.

Die Kirche St. Nikolai von Forst, deren Baubeginn auf das 14. Jh. zurückgeht, nach der Restaurierung.

Historisches Fabrikgebäude von Forst. Die Stadt entwickelte sich Mitte des 19. Jh. zu einer der bedeutendsten Textilindustriestädte Deutschlands.

Gemeinsam mit der sich rasch entwickelnden Textilindustrie entstanden im 19. und 20. Jh. viele Bürgerhäuser und Stadtvillen.

Links: Eine im Zweiten Weltkrieg zerstörte Brücke von Forst, die einst über die Neiße zum Stadtteil Berge (heute: Zasieki) führte.

Dicke schwarze Gewitterwolken zwischen Guben und Forst bringen kräftige Regenschauer. Jedoch nach kurzer Zeit durchdringt die Sonne wieder die dichte Wolkendecke.

Eine Blumenrabatte vor dem »Ostdeutschen Rosengarten«, angelegt anlässlich seines 96-jährigen Bestehens.

Eingang zum »Ostdeutschen Rosengarten« in Forst, der im Jahre 1913 eröffnet wurde. Auf einer Gesamtfläche von 15 ha präsentieren sich etwa 700 Rosensorten auf 40 000 Rosenstöcken.

Die Lange Straße der Spremberger Altstadt.

Zu den wichtigen Gebäuden der Altstadt zählt die evangelische Kreuzkirche, eine spätgotische dreischiffige Backstein-Hallenkirche, die um 1509 entstand. Nach Beschädigung erhielt sie 1732 einen neuen Turmabschluss.

Das ehemalige barocke Kavalierhaus von 1706 ist von Herzog Heinrich von Sachsen-Merseburg für seine Gäste errichtet worden. Eine Inschrift weist darauf hin. Ab 1737 wurde das Gebäude als Gaststätte und später als Postamt genutzt. Im rekonstruierten Kavalierhaus befindet sich heute die Stadtsparkasse.

Brunnenanlage im so genannten »Bullwinkel«. Diese Bezeichnung setzte sich in Spremberg für einen kleinen Platz durch, nachdem dort um 1830 der Stadtbulle befestigt worden war. 1995 wurde der »Bullwinkelbrunnen« eingeweiht, bei dem zu feierlichen Anlässen an einem der Bullenköpfe Bier gezapft werden kann.

Fabrikantenvilla mit dahinterliegendem Betriebsgebäude in Guben.

Das Neißewehr an der Stadtbrücke, die von Guben nach Gubin führt.

Torhaus von 1905 des ehemaligen Feuerwehrdepots von Guben, das in neobarocken Formen errichtet wurde. Die Fenster- und Toröffnungen wurden mit Naturstein eingefasst.

Ansicht der Kirche Des Guten Hirten von 1902/1903. Friedrich Wilke, der Hutfabrikant, war Sponsor dieser Kirche in Guben.

Das ehemalige Rathaus und der Turm der Stadtkirche, die heute im polnischen Gubin liegen.

Blick von der Stadtbrücke, die Guben und Gubin miteinander verbindet, auf die Lausitzer Neiße.

Der Ausstellungsraum der »Kunstscheune« in Klein Döbbern.

Gespräche in der »Kunstscheune«.

Clematis und Wein umranken den Eingang der Scheune.

Links: Drei skurrile Holzskulpturen stehen vor der Scheune.

Die Werkstatt des Künstlers.

Der Cottbuser Maler, Grafiker und Bildhauer Steffen Mertens berichtet über seine Arbeit.

Im Hintergrund der »Kunstscheune« in Klein Döbbern liegt der mit Skulpturen gestaltete Garten. Alte Elemente wurden zu neuen Objekten zusammengefügt und in die Gartenlandschaft einbezogen.

Zum Abschluss des Kunstscheunenfestes wird ein Heißluftballon gestartet.

Der Garten mit Skulpturen und Objekten. Aus den kräftig belaubten Büschen wurden fantasievolle Ziegenböcke geschnitten.

■ *Nur 3 km von Klein Döbbern entfernt befindet sich die Spremberger Talsperre mit einem Stausee, an dessen Ufer sich Ferieneinrichtungen befinden.*

■ *Die Dorfkirche von Klein Döbbern bei Cottbus. Ursprünglich soll der Ort auf der Flur Hobrysch am Roschitzer Berg gelegen haben. Der Sage nach hatten sich die Bewohner in das sumpfige Tal zurückgezogen, um sich vor den Raubrittern zu schützen.*

■ *Am Ortseingang von Klein Döbbern steht ein zweietagiger Lebensmittelspeicher, der in die Erde eingelassen wurde.*

■ *Ein Segelflugzeug am Himmel von Neuhausen/Spree in der Niederlausitz, südlich von Cottbus.*

■ *Auf dem Flugfeld bei Neuhausen werden Segelflieger mit einer Seilwinde in die Lüfte befördert. Auf dem Landeplatz starten Motor- wie auch Segelflugzeuge.*

■ *Wohn- und Wirtschaftsbauten aus Klinkern, mit Schmuckbändern verziert, sind typisch für die Region.*

■ *Das Schloss von Neuhausen wurde unmittelbar an den Spreegewässern errichtet.*

■ *In Neuhausen steht das gleichnamige Schloss anstelle einer früheren Sumpfburg. Es wurde vermutlich Ende des 16. Jh. errichtet. Die gesamte Anlage mit Park und Teich wurde im 19. Jh. erneuert. Im Jahre 1996 begannen die Restaurierungsarbeiten am Bau.*

Brandenburg im Überblick

Die riesigen Markgrafensteine liegen im Wald bei Rauen. Durch die Eiszeit wurden die gigantischen Felsbrocken aus dem südschwedischen Karlshamn bis in die Mark gebracht. Aus einem der Steine fertigte man die Granitschale, die vor dem Alten Museum im Berliner Lustgarten steht.

Megalithgräber von erheblicher Größe, wie bei Mürow in der Uckermark, zeugen von der frühen Besiedlung Brandenburgs.

Die Mark Brandenburg – ein neues Bundesland

- Brandenburg liegt im nordöstlichen Teil Deutschlands.
- Potsdam ist die Hauptstadt mit dem Landesparlament und der Landesregierung. Im Herzen des Bundeslandes befindet sich Berlin, die politische Metropole Deutschlands.
- In der Geschichte hat Brandenburg seine Grenzen oft ändern müssen. Völkerwanderungen, Gebietsaufteilungen, regionale und globale Auseinandersetzungen mit nachfolgenden neuen Festlegungen und Erbfolgen trugen zu den häufigen Veränderungen bei.
- Seinen Namen erhielt das heutige Bundesland durch die Feste Brandenburg (auch Brennabor, Brennaburg genannt), von der im 12. Jh. die brandenburgischen Markgrafen das Land regierten. In der ursprünglichen Stadt Brandenburg begann mit der Machtübernahme durch Albrecht den Bären 1157 die über 850-jährige deutsche Geschichte der Mark Brandenburg.

Das Land Brandenburg nach 1945

- Nach dem Zweiten Weltkrieg wurden in der damaligen Sowjetischen Besatzungszone, so auch in Brandenburg, Länderverwaltungen aufgebaut.
- Wenige Jahre nach Gründung der DDR (1949) traten 1952 an Stelle der Länder die neuen Verwaltungsbehörden, die Räte der Bezirke. Das Land Brandenburg wurde in die Bezirke Cottbus, Frankfurt (Oder) und Potsdam aufgeteilt.

Der Fall der innerdeutschen Grenze

- Erst nach dem Fall der innerdeutschen Grenze im Jahre 1989 wurden die fünf neuen Bundesländer, wozu auch Brandenburg gehört, wieder neu geschaffen.

Struktur und Grenzen des Bundeslandes

- Derzeit gliedert sich das Bundesland Brandenburg in 18 kleinere Verwaltungseinheiten, in 14 Landkreise und 4 kreisfreie Städte mit insgesamt 2,6 Millionen Einwohnern.
- Im Osten wird die Grenze Brandenburgs durch den Verlauf von Oder und Neiße, den Grenzflüssen zwischen Polen und Deutschland, bestimmt. Im Norden der Region liegt Mecklenburg-Vorpommern. Westlich grenzen Niedersachsen und Sachsen-Anhalt an das Bundesland Brandenburg. Im Süden der Mark Brandenburg liegt Sachsen.

Von der Eis- zur Eisenzeit

- Die Oberfläche des prähistorischen brandenburgischen Territoriums wurde durch mehrere eiszeitliche Perioden geprägt. Die letzte Eiszeit vor etwa 10 000 bis 15 000 Jahren überformte die vormaligen Oberflächen der Saale-Eiszeit von vor ca. 240 000 bis 180 000 Jahren.
- Nach erneuter Erwärmung und dem Abschmelzen des Eises zogen sich die massiven Gletscher nach Norden zurück.
- Die vom Eis mitgeführten Geröll- und Gesteinsmassen verblieben auf dem Territorium Brandenburgs und bildeten Sander, Grund- und Endmoränen. Durch den extrem hohen Druck der mächtigen Gletscher und ihrer Schmelzwasser entstanden Seen- und Rinnenlandschaften, Urstromtäler und Schmelzwasserströme.

Nach der letzten Eiszeit

- Auf dem vom ehemaligen Gletschereis befreiten Boden siedelten sich wieder Pflanzen an.

Zuerst bildeten sich Steppenlandschaften heraus, dann entstanden Auen- und Wiesenlandschaften.
Danach entwickelten sich Wälder, zunächst die Kiefer, später Laubholzarten wie Birke und Eiche.

- Die Tiere folgten in die von der Pflanzenwelt zurückeroberten Gebiete. Zu Beginn ließen sich Steppentiere, danach auch andere Tierarten wie z. B. Rot- und Damwild nieder.
- Das Territorium Brandenburgs wurde bereits früh besiedelt, wie die von Menschen bearbeiteten Funde belegen.

Nachdem das vormals vom Eis bedeckte Land wieder neues Leben zuließ, rückten die Menschen, die sich während der Kälteperiode nach Süden zurückgezogen hatten, erneut nach Norden in die brandenburgische Region vor.

Findlinge in der Mark

- Die Eismassen hinterließen viele riesengroße Findlinge auf dem brandenburgischen Territorium.
- In den Rauenschen Bergen, südöstlich von Berlin, lagern die »Markgrafensteine«. Es sind die größten Findlingsblöcke in der Mark Brandenburg.

Vorgeschichtliche Gräber

- Viele der gigantischen Felsbrocken wurden von den damaligen Siedlern genutzt, um Kult- und Begräbnisstätten zu errichten.

Die im Norden Deutschlands häufig auftretenden Großsteingräber, vor ungefähr 5 000 Jahren errichtet, zeugen von der zeitigen Besiedelung der brandenburgischen Region.

- Der Glaube unserer Vorfahren an die Unsterblichkeit ließ sie aus riesigen Wand- und Decksteinen gigantische Grabstellen errichten. Zum Totenkult gehörte es, den Verstorbenen Grabbeigaben wie Tongefäße, Trichterbecher und Schalen (in Satzkorn/Osthavelland gefunden), mit Ritzzeichnungen verzierte Kugelamphoren (in Mützlitz/Westhavelland entdeckt) mit ins Grab zu geben.
- Die vorgeschichtlichen Gräber liegen vor allem im nördlichen Teil Brandenburgs in der Uckermark sowie

in Mecklenburg, in Schleswig-Holstein, in der Altmark, bei Hannover und Oldenburg sowie in den Ländern Skandinaviens.

Aus der Jungsteinzeit

- Die auf dem ursprünglichen Territorium Brandenburgs siedelnden Ackerbauern, Viehzüchter und Fischer gingen bereits 3 500 Jahre v. Chr. ihren Tätigkeiten nach.
- Ihre Werkzeuge fertigten sie aus Stein, Knochen und Hirschhorn. Sie bauten verschiedene Getreidesorten wie Weizen, Gerste und Hirse an und sammelten Früchte und Pflanzen für die Ernährung. Ihre Kleidung bestand aus Tierfellen und Leder. Sie hielten Rinder, Ziegen, Schafe. Der domestizierte Hund wurde zu ihrem Gefährten und Beschützer.
- An den Feuersteinschlagstätten fand man abgesprengte Reste von Steinen sowie Steinwerkzeuge. In den prähistorischen Wild- oder Fallgruben sind Schlagsteine, Steinsplitter, Speerspitzen und Harpunen aus Elchgeweih unter den jahrtausendealten abgelagerten Erdschichten gefunden worden.

Aus der Bronzezeit

- Die Bronzezeit, ca. 2 000 Jahre v. Chr., brachte den Ureinwohnern neue Werkzeuge. Dem weichen Kupfer mengten sie Zinn bei, um einen härteren Werkstoff für Werkzeuge, Waffen, Messer und Schmuck zu gewinnen. Aus Kupfer und Zinn entstand Bronze. Ein neues Zeitalter wurde mit dem neuen Werkstoff Bronze eingeleitet. Bronzeäxte und bronzene Gewandnadeln lösten nun Steinbeil und Knochennadel ab.
- Das »Königsgrab von Seddin« in der Prignitz ist bisher das größte in der Mark Brandenburg gefundene Großsteingrab, mit zahlreichen Grabbeigaben aus Bronze.

Aus der Eisenzeit

- Ungefähr 1 000 Jahre v. Chr. begann mit dem Eisen abermals ein neuer Abschnitt in der Entwicklung der damaligen Handwerker, Ackerbauern, Viehzüchter und Jäger. Sie nutzten das Eisen für die Herstellung von Gerätschaften.
- Aus dem kostbaren und harten Metall wurden nicht nur Geräte, Werkzeuge und Waffen, sondern, da es mit seinen speziellen Eigenschaften viele neue Möglichkeiten der Verwendung zuließ, auch Schmuck gefertigt.
- Der universelle Werkstoff Eisen begleitete das Leben der Menschen bis in die Gegenwart und erlangte weltweit einen immer höheren Stellenwert für die Produktion von Maschinen, Geräten und anderen Gegenständen.

■ Aus der Frühgeschichte des Territoriums

Germanische und slawische Stämme

- Germanische Stämme schlossen sich seit dem 3. Jh. n. Chr. zu größeren Verbänden zusammen. Volksstämme aus verschiedenen Regionen, wie z. B. die Alemannen, Franken, Sachsen, Thüringer, Friesen und Bajuwaren, bildeten den Grundbestand des deutschen Volkes.
- Germanische Völkerschaften verließen im 6. Jh. n. Chr. das historische Territorium Brandenburgs. Slawische Stämme drängten nach und siedelten in der Region. Die Ukranen lebten an der Ukrer (Ucker). Ihr Siedlungsgebiet reichte von der Ucker bis beiderseits der Oder. Der Lebensraum der Heveller lag an den Ufern der Havelgewässer von Potsdam bis hinauf zum Tegeler See und zum Rhin.
An der Spree siedelten die Sprewanen, und ihr Gebiet reichte bis weit in die Lausitz hinein.

Deutsche Eroberungen

- Bis zum Jahre 940 eroberten die deutschen Könige Heinrich I. und Otto I. (Letzterer 962 in Rom zum Kaiser gekrönt) das Land dem Reich zurück. Otto I. gründete 948 das Bistum Brandenburg.

Rückeroberung durch slawische Stämme

- Durch den Slawenaufstand von 983 wurden die Deutschen wieder für eineinhalb Jahrhunderte aus dem ostelbischen Raum zurückgedrängt.

■ Der Askanier Albrecht der Bär gründet die Mark

- Die Brandenburg (auch »Brennaburg«), einstmalige Fürstenburg der Heveller, befand sich auf einer strategisch und verkehrsgünstig gelegenen Havelinsel in zentraler Lage ihres Stammesgebietes.
Überlieferungen von dieser Burg, auf der heutigen Dominsel, sind nicht mehr zu finden. Lediglich in den Geländeformen des Standortes sind ehemalige Verläufe von Burggräben zu erkennen. Grafische Rekonstruktionsdarstellungen zeigen eine aus Palisaden errichtete und von Wasser umgebene ringförmige Festung.
- Im 12. Jh. unterwarf das deutsche Grafengeschlecht der Askanier das von slawischen Stämmen besiedelte Land, die spätere Mark Brandenburg.
- Im Jahre 1157 eroberte der Askanier Albrecht der Bär die Feste Brandenburg. Er nannte sich von nun an Markgraf von Brandenburg. Es ist das Geburtsjahr der Mark Brandenburg.
- Die askanischen Markgrafen förderten die Entwicklung der Orte Berlin/Cölln, Bernau, Frankfurt (Oder), Friedland, Fürstenberg, Fürstenwalde, Gransee, Mittenwalde, Prenzlau, Pritzwalk, Schwedt, Strausberg, Teltow und Templin und ließen sie weiter ausbauen.

■ Die Wittelsbacher und die Luxemburger Markgrafen

- Mit dem Aussterben der letzten Askanier der brandenburgischen Linie 1319/1320 fiel das Gebiet zunächst unter die Markgrafschaft des bayerischen Hauses Wittelsbach, dann der Luxemburger.
Diese Landesherren hatten wenig Interesse am Aufschwung der Mark; das Land versank in Anarchie.
- Kaiser Karl IV. aus dem Hause der Luxemburger verlieh im Jahre 1356 mit der Goldenen Bulle dem Wittelsbacher Markgrafen von Brandenburg die Kurwürde, die das alleinige Recht beinhaltete, zusammen mit den anderen Kurfürsten den deutschen König zu wählen.

■ *Fundstücke aus dem »Königsgrab von Seddin«, nördlich von Perleberg in der Prignitz. Das Grab wurde um 800 v. Chr. errichtet. Der Grabhügel hat einen Durchmesser von 64 m und eine Höhe von 10 m. Die Grabkammer wurde 1899 bei der Steingewinnung von zwei Arbeitern erbrochen. Die erste Sicherung der Funde erfolgte durch die örtlichen Behörden und den Direktor des Märkischen Museums in Berlin.*

■ *Die Zisterziensermönche kamen aus Burgund in Frankreich nach Brandenburg und gründeten weitere Klöster in der Mark. Leitgedanke des Ordens war die Konzentration auf das Gebet und die Arbeit: »ora et labora.« Ein bedeutender Zisterziensermönch war Bernhard von Clairvaux (um 1090–1153), der Gründer der Abtei von Clairvaux.*

■ *Die früheste Verwendung des (brandenburgischen) Adlers stammt von Otto I., dem Sohn des ersten askanischen Markgrafen Albrecht des Bären, und ist auf das Jahr 1170 datiert.*

■ *Die restaurierte Burganlage von Tangermünde an der Elbe, auf der Kaiser Karl IV. 1375 für ein Jahr residierte.*

■ *Der von König Sigismund (s. oberer Bildteil) mit der Mark Brandenburg belehnte Burggraf Friedrich VI. von Nürnberg reitet 1412 in Berlin/Cölln ein.*

■ Mit dem Fürstenwalder Vertrag von 1373 erhielt Karl IV. von den Wittelsbachern die Mark Brandenburg zurück und residierte 1375 für ein Jahr in Tangermünde (heute Sachsen-Anhalt).

■ Im Jahre 1378 wurde die Mark seinem zweiten Sohn Sigismund übertragen. Sigismund verpfändete 1388 die Mark Brandenburg an Jobst von Mähren.

■ Als Jobst starb, setzte der inzwischen zum römischen König gewählte Sigismund den Nürnberger Burggrafen Friedrich VI. aus dem Hause Hohenzollern für die Verwaltung der Mark Brandenburg ein.

■ Fünfhundert Jahre Herrschaft der Hohenzollern

Auseinandersetzungen mit dem märkischen Adel und den Städten

■ Der durch König Sigismund eingesetzte Burggraf Friedrich VI. kämpfte 1412 gegen den märkischen Adel, der seine bisherigen Rechte der Hohenzollernherrschaft gegenüber nicht aufgeben wollte.

Im Jahre 1415 wurde Friedrich (nun als Friedrich I.) die Würde eines Markgrafen und Kurfürsten und 1417 auch die des Reichserzkämmerers verliehen.

■ 1437 übernahm Friedrich, der zweite Sohn des Kurfürsten, die Regentschaft in der Mark Brandenburg. Von 1440 bis 1470 war er als Friedrich II. Kurfürst. Er (auch der Eiserne oder Eisenzahn genannt) unterwarf sich die widerspenstige Doppelstadt Berlin/Cölln.

Damit erreichte Friedrich II. die endgültige Unterordnung der märkischen Städte unter die landesherrliche Hoheit. Im Jahre 1443 erfolgte die Grundsteinlegung des kurfürstlichen Schlosses in Cölln.

■ Berlin/Cölln wurde 1470 durch Albrecht III. Achilles zur ständigen kurfürstlichen Residenz erklärt.

Auswirkungen der Reformation

■ Im Jahre 1539/1540 kam es durch den Erlass einer neuen Kirchenordnung zur Übernahme des lutherischen Katechismus und zur Säkularisation des Kirchenbesitzes. Durch die Reformation wurden die Klöster Brandenburgs aufgelöst und in Domänenämter umgewandelt. Die Verknüpfung der entstehenden lutherischen Landeskirche mit dem Herrscherhaus brachte dem Kurfürsten einen grundlegenden Machtzuwachs.

■ Andererseits beförderte diese Entwicklung auch positive Aspekte der Bildung.

Die Universität Frankfurt (Oder) wurde bereits 1506, die Universität Königsberg (Herzogtum Preußen) 1544 gegründet. Das Gymnasium zum Grauen Kloster in Berlin wurde 1574, die brandenburgische Fürstenschule in Joachimsthal (das spätere Joachimsthalsche Gymnasium) 1607 ins Leben gerufen. Es entstanden erste Ansätze für die Einrichtung eines Landschulwesens in der Mark Brandenburg.

Der Dreißigjährige Krieg

■ Im Dreißigjährigen Krieg (1618-1648) wurde Brandenburg Kriegsschauplatz zwischen kaiserlichen und protestantischen Truppen.

Bedingt durch eine schwankende Politik des Kurfürsten Georg Wilhelm, der von 1619–1640 regierte, wurde die Mark für viele Jahre in die Kriegsgeschehnisse hineingezogen und zum Spielball zwischen den Großmächten.

■ Der Krieg hinterließ viele Wüstungen in der Mark Brandenburg und vernichtete bis zu zwei Drittel der Einwohner. Durch den Krieg herbeigeführte Epidemien schufen weitere Bevölkerungsverluste. Das brandenburgische Territorium war weitgehend entvölkert und geschwächt.

Der Große Kurfürst

■ In dieser für die Bevölkerung schweren und entbehrungsreichen Zeit übernahm der gerade 20-jährige Kurfürst Friedrich Wilhelm, später der Große Kurfürst genannt (reg. 1640-1688), die Herrschaft in Brandenburg. Er trug entscheidend dazu bei, die zersplitterten Landesteile zusammenzuführen, zentrale Verwaltungsorgane im Land einzurichten und die Wirtschaft wieder zu beleben.

Er baute ein großes stehendes Heer auf und bemühte sich, die ständischen Rechte einzuschränken.

■ Im Jahre 1660 erhielt der Kurfürst endgültig die Lehnshoheit über Preußen, und im gleichen Jahr wurde Potsdam kurfürstliche Residenz.

■ Der Große Kurfürst kämpfte ab 1674 in einer großen Koalition gegen Frankreich, und in der Schlacht bei Fehrbellin siegte er 1675 gegen die mit Frankreich verbündeten Schweden und schlug diese in die Flucht.

■ Auf die Verfolgung der Hugenotten in Frankreich reagierte der Kurfürst 1685 mit dem Edikt von Potsdam.

Allein 20 000 reformierte Protestanten kamen daraufhin in die Mark Brandenburg. Die ersten Kolonien der Zuflucht suchenden Hugenotten entstanden unter der Obhut des Großen Kurfürsten.

Im ländlichen Raum wurden 1 886 neue Dörfer gegründet, in denen die Ankömmlinge ihre Häuser errichteten. Steuerliche Vergünstigungen und weitere Privilegien erleichterten ihnen dabei den Neubeginn.

Die ersten Könige in Preußen

■ Im Jahre 1701 ließ sich Kurfürst Friedrich III. in Königsberg zum König Friedrich I. in Preußen krönen, und Brandenburg wurde unter der Herrschaft der Hohenzollernfürsten zum wichtigsten Landesteil Preußens.

■ Dem strengen, pflichtbewussten »Soldatenkönig« Friedrich Wilhelm I. (reg. 1713–1740), der die preußische Armee vergrößerte, die Wirtschaft förderte und eine Finanz- und Verwaltungsreform verwirklichte, folgte sein Sohn Friedrich II., (reg. 1740–1786), später »der Große« genannt.

■ Böhmische Glaubensflüchtlinge kamen 1731 ins Land.

König Friedrich II., der »Alte Fritz«

■ Er betrieb u. a. in drei Schlesischen Kriegen eine konsequente Annexionspolitik und verschaffte Preußen den Anschluss an die damaligen europäischen Großmächte.

■ In der Innenpolitik setzte Friedrich II. als aufgeklärter und zugleich absolut souverän regierender Monarch Reformen in den Bereichen von Wirtschaft, Heer und Justiz durch.

▪ Er trat für eine tolerante Religionspolitik ein. In einer Überlieferung heißt es: » ... denn hier muss ein jeder nach seiner Façon selig werden.«
▪ Nach dem Ende des Siebenjährigen Krieges (1756–1763) bemühte er sich intensiv um den wirtschaftlichen Wiederaufbau seines Landes.
▪ Friedrich II. holte ebenfalls Siedler ins Land, um die bevölkerungsschwachen Regionen der Mark wieder zu beleben. Er ließ nicht nutzbare sumpfige Flächen des brandenburgischen Territoriums in Agrarflächen umwandeln. Bislang für die Landwirtschaft ungeeignete Flächen des Oderbruchs wurden seit 1747 von holländischen Spezialisten durch große Meliorationsprojekte entwässert.
Dadurch entstanden viele neue Orte im Oderbruch, wie u. a. die Dörfer Beauregard, Güstebieser Loose, Neulewin, Neulietzegöricke, Neureetz, Neumädewitz.
▪ Friedrichs künstlerische Ambitionen galten der Musik, der Literatur und der Baukunst. Bedeutende Architektur, die den preußischen Staat repräsentierte, ließ Friedrich II. in Potsdam (das Schloss Sanssouci, das Neue Palais) und in Berlin (das Opernhaus, die Königliche Bibliothek und die St.-Hedwigs-Kathedrale) errichten.
▪ 1786 übernahm Friedrich Wilhelm II. (1786–1797) die Regierungsgeschäfte seines verstorbenen Onkels. Seine Politik wurde von einer Günstlings- und Mätressenwirtschaft überschattet.
▪ Unter seiner Federführung entstanden in Berlin das Brandenburger Tor, Schloss Bellevue und in Potsdam das Marmorpalais sowie die Bauten auf der Pfaueninsel.

Preußen und Napoleon

▪ In der Regierungszeit Friedrich Wilhelms III. (1797–1840), seine erste Gattin war die Königin Luise, brach das friderizianische Preußen im Krieg gegen Frankreich zusammen.
Nach der vernichtenden Niederlage der Preußen bei Jena und Auerstedt zog Napoleon im Oktober 1806 als Sieger in Berlin ein.
Der preußische König und seine Begleitung flohen in Richtung Ostpreußen nach Königsberg.
▪ Gedankengut der Französischen Revolution verbreitete sich nun auch in Deutschland.
Der Zusammenbruch des friderizianischen Preußens ermöglichte eine reformerische Umgestaltung des monarchistischen Staates.
Zwei große Reformer waren Reichsfreiherr vom und zum Stein und Karl August Freiherr von Hardenberg. Beide, unterstützt von bedeutenden Mitstreitern, brachten strukturelle und soziale Reformen (so z. B. eine Städteordnung und Agrarreformen, eine Bildungsreform, eine Reorganisation des Heeres) ein.
Die Vorherrschaft des Adels blieb jedoch ungebrochen, und die vom König gegebenen Verfassungsversprechen wurden nicht eingelöst.
▪ Nach der Niederlage Napoleons 1812 im Russlandfeldzug kam es während des Rückzuges der französischen Armee auch zu Schlachten und Gefechten auf brandenburgischem Gebiet, so bei Großbeeren, Hagelberg und Dennewitz.
▪ In der Völkerschlacht bei Leipzig siegten die verbündeten Heere Russlands, Österreichs, Preußens und Schwedens im Oktober 1813 über Kaiser Napoleon, dessen Herrschaft in Deutschland zusammenbrach.

Vom Wiener Kongress zur Gründung des Deutschen Reiches

▪ 1815 erhielt Brandenburg-Preußen die seit 1635 zu Kursachsen gehörende Niederlausitz und Teile der Oberlausitz.
▪ Auf dem Wiener Kongress wurde Anfang Juni des Jahres 1815 die Bundesakte zur Gründung des Deutschen Bundes unterzeichnet. Es handelte sich um einen lockeren Staatenbund, dem die souveränen Fürsten und freien Städte Deutschlands angehörten.
▪ Im gleichen Jahr wurden in Preußen die Landesteile in Provinzen eingeteilt; von nun an war auch Brandenburg eine Provinz des Königreichs.
▪ Die folgenden Jahrzehnte waren in Preußen vor allem durch Bevölkerungswachstum, die beginnende Industrialisierung und Bemühungen um einen stärkeren wirtschaftlichen Zusammenschluss Deutschlands, politisch jedoch durch einen restaurativen Kurs der Monarchie gekennzeichnet.
▪ Friedrich Wilhelm IV., der im Jahre 1840 den Thron bestieg, sah sich mit steigenden Forderungen des Bürgertums nach einer liberalen Verfassung und mit wachsendem sozialem Elend des entstehenden Industrieproletariats konfrontiert. Während der Revolution von 1848 kam es dadurch auch in einigen Städten Brandenburgs zu sozialen Forderungen und zu Volksaufständen gegen die im Kern konservative und antiliberale Politik des Monarchen.
▪ Friedrich Wilhelm IV., mitunter auch als »Romantiker auf dem Thron« bezeichnet, ließ Potsdam durch Architekten und Gartenkünstler ausbauen und erweitern.
Die italienische Landarchitektur wurde zum Vorbild für die neu entstehende Architektur- und Gartengestaltung in Potsdam, Babelsberg und Berlin.
▪ Wilhelm I., der 1861 seinem verstorbenen Bruder als preußischer König nachfolgte, berief Otto von Bismarck zum Ministerpräsidenten. Dieser gestaltete in den folgenden Jahren wesentlich die Außen- und Innenpolitik des Landes.
▪ Nach dem Deutsch-Französichen Krieg 1870/1871 wurde das Deutsche Reich gegründet. Die Kaiserproklamation erfolgte im Spiegelsaal von Versailles. Wilhelm I. war nun in Personalunion deutscher Kaiser und preußischer König.
▪ Im Drei-Kaiser-Jahr 1888 starb Wilhelm I., drei Monate später bereits dessen schwer kranker Sohn Friedrich III. Ihm folgte sein Sohn, der letzte deutsche Kaiser Wilhelm II.

■ Die Weimarer Republik und ihr Zerfall

▪ Nach der Niederlage des Ersten Weltkrieges (1918) verließ Wilhelm II. das Land und ging ins Exil nach Doorn in Holland. Dadurch endete die fünf Jahrhunderte währende Hohenzollernherrschaft in Brandenburg, in Preußen und im Deutschen Reich.
▪ Nach der Abdankung des Kaisers konstituierte sich die Weimarer Republik. Eine aus Wahlen hervorgegangene deutsche Nationalversammlung trat in Weimar zusammen und schuf die Weimarer Verfassung.

▪ *Friedrich Wilhelm, der Große Kurfürst (1620–1688).*

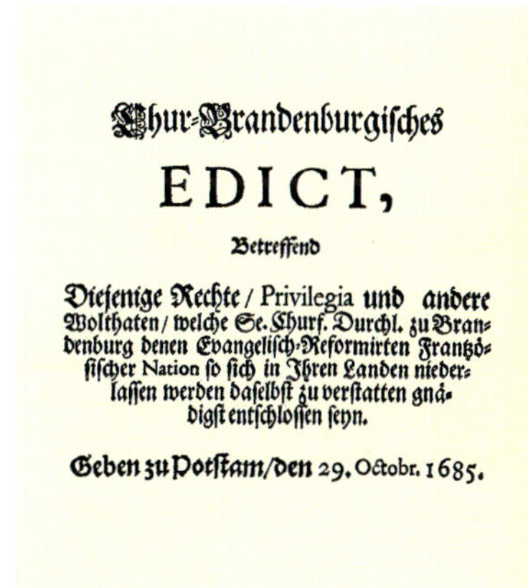

Chur-Brandenburgisches
EDICT,
Betreffend
Diejenige Rechte / Privilegia und andere Wolthaten / welche Se. Churf. Durchl. zu Brandenburg denen Evangelisch-Reformirten Frantzösischer Nation so sich in Ihren Landen niederlassen werden daselbst zu verstatten gnädigst entschlossen seyn.
Geben zu Potsdam / den 29. Octobr. 1685.

▪ *Edikt von Potsdam vom 29. Oktober 1685, erlassen vom Großen Kurfürsten der Mark Brandenburg.*

▪ *Friedrich II. (1712–1786), der Große.*

▪ *Das Deutsch-Russisches Museum in Berlin-Karlshorst. Das Gebäude wurde zwischen 1936 und 1938 als Offizierskasino der Wehrmacht errichtet. Ende April 1945 schlug im Kampf um Berlin die 5. sowjetische Armee unter Generaloberst Bersarin hier ihr Hauptquartier auf. Am 8. Mai 1945 wurde in diesem Gebäude die Kapitulation der deutschen Wehrmacht unterzeichnet.*

▪ *Mauerreste 2007 nach dem Fall der innerdeutschen Grenze im Jahre 1989 in Berlin.*

▪ *Die Viadrina – eine moderne Universität mit großer Tradition. Nach der Wiedervereinigung Deutschlands studieren hier junge Menschen aus ganz Europa.*

Neue Verfassung in Preußen

▪ Ende 1920 trat auch in Preußen eine neue Verfassung in Kraft; Preußen wurde zu einem demokratisch-parlamentarischen Freistaat.

▪ Die Festigung der jungen deutschen Demokratie wurde durch die politischen, wirtschaftlichen und sozialen Belastungen der Nachkriegszeit und durch das Anwachsen insbesondere rechtsgerichteter oppositioneller Kräfte sehr erschwert.

Weltwirtschaftskrise

▪ Als Folge der 1929 ausgebrochenen Weltwirtschaftskrise verschärften sich auch in Brandenburg die Probleme in Landwirtschaft und Industrie.
Diese verursachten weitere politische und soziale Spannungen, die der NSDAP in den folgenden Jahren in Brandenburg zunehmend Zulauf verschafften.

▪ Im Jahre 1932 wurde die demokratisch legitimierte preußische Regierung durch eine deutsch-nationale Reichsregierung für abgesetzt erklärt und die Exekutivgewalt dem Reichskanzler übertragen.
Damit war die den rechtsgerichteten Parteien verhasste Eigenständigkeit des Freistaates Preußen gebrochen.

Zerschlagung demokratischer Strukturen

▪ 1933 erfolgte die Berufung Adolf Hitlers zum Reichskanzler.
Von den Nationalsozialisten wurden die demokratischen Strukturen, die sich in Deutschland gerade erst herausgebildet hatten, systematisch beseitigt, die Bürgerrechte radikal beschnitten, Regimegegner sowie Andersdenkende politisch verfolgt.

▪ Mit den Nürnberger Rassengesetzen der NSDAP aus dem Jahre 1935 war die Grundlage für die systematische Entrechtung, Isolierung und Vernichtung von jüdischen Mitbürgern, aber auch von anderen gesellschaftlichen Minderheiten in Deutschland geschaffen worden.

■ Der Zweite Weltkrieg

▪ Als Folge der kriegerischen Machtpolitik Hitlers begann 1939 der Zweite Weltkrieg mit dem Überfall auf Polen.

▪ Dieser Krieg forderte über 50 Millionen Tote. Er brachte unendliches Leid für die Menschen und richtete furchtbare Zerstörungen an.

▪ Die deutsche Kapitulation vor den alliierten Mächten erfolgte am 8. Mai 1945 in Berlin-Karlshorst (Abb. S. 198).

▪ Mit dem Potsdamer Abkommen – die Konferenz tagte vom 17. Juli bis 2. August 1945 im Schloss Cecilienhof – besiegelten die Siegermächte (USA, Großbritannien, Sowjetunion; Frankreich trat später bei) das Ende des Zweiten Weltkrieges. Die Alliierten legten fest: Deutschland soll Wiedergutmachung leisten, Militarismus und Nazismus sollen beseitigt und ein demokratisches Staatswesen geschaffen werden.

▪ In den durch die Alliierten kontrollierten Besatzungszonen begann 1945 ein schwieriger Wiederaufbau.

■ Kriegsfolgen und Wiederaufbau in Brandenburg

▪ Nach dem Zweiten Weltkrieg verlor Brandenburg, das zur Sowjetischen Besatzungszone gehörte, den Teil, der östlich der Oder lag.

▪ Die beim Wiederaufbau in Brandenburg zu bewältigenden Nachkriegsprobleme waren, wie auch in anderen Teilen Deutschlands, außerordentlich groß.
Tausende von entlassenen Kriegsgefangenen, von Flüchtlingen und Vertriebenen aus den ehemaligen deutschen Ostgebieten kamen ins Land, und unzählige Heimatlose wurden aufgenommen. Noch in den letzten Kriegsmonaten waren bereits viele hunderttausend Flüchtlinge in der Mark Brandenburg eingetroffen.
Schwere Kriegsschäden, Reparationsforderungen der Besatzungsmacht und die schmale Energie- und Rohstoffbasis stellten besonders in den ersten Nachkriegsjahren große Herausforderungen an die Bewohner Brandenburgs. Weil die Grundversorgung der Bürger im Vordergrund stehen musste, reichten häufig die Mittel für den Erhalt oder die Wiedererrichtung bedeutender Kulturdenkmale nicht aus.

▪ Die Gründung zweier separater deutscher Staaten 1949, der Kalte Krieg, die feste Einbindung der DDR in das sozialistische Lager und Entscheidungen ihrer autoritären Staatsführung hatten zum Teil schwerwiegende Auswirkungen auf die Entwicklung des Landes.

▪ Erst als Bürgerbewegungen in der DDR im Jahre 1989 mit friedlichen Mitteln die Öffnung der innerdeutschen Grenze erzwangen und die ehemaligen Siegermächte ihre Zustimmung erteilten, wurde nach über 40 Jahren der Weg für eine im europäischen Konsens erfolgende Vereinigung beider deutscher Landesteile frei.

■ Das neue Bundesland in seiner Entwicklung

▪ In Vorbereitung dieser Vereinigung wurde 1990 das Land Brandenburg neu errichtet.
Der Beitritt der neuen Länder zur Bundesrepublik Deutschland brachte für deren Entwicklung in allen Bereichen von Politik, Wirtschaft und Kultur grundlegende Veränderungen und stellte auch die Bewohner Brandenburgs vor große Herausforderungen.

▪ Ein Großteil der Industrie und viele landwirtschaftliche Großbetriebe brachen weg, und zahlreiche Menschen verloren ihre Arbeitsplätze. Vor allem jüngere Menschen zogen, um ihre Berufschancen zu wahren, in den westlichen Teil unserer Republik.

Infrastruktur- und Restaurierungsarbeiten

▪ In Brandenburg konnte die Infrastruktur (z. B. durch neue Straßenbauprojekte) entscheidend verbessert werden.

▪ Es wurden und werden große Anstrengungen unternommen, mittelständische Industrie- und Landwirtschaftsbetriebe zu fördern und den Tourismus zu entwickeln.

▪ In den Städten und Dörfern wurden nach der Wiedervereinigung umfangreiche Restaurierungsarbeiten durchgeführt und zahlreiche Kulturbauten saniert.

Ortsverzeichnis | Brandenburg | Der Südosten

Verwendete Literatur:

- Badstübner, Ernst; »Brandenburg«, DuMont Kunstführer, Köln 2005.
- »Das Neue Duden-Lexikon in 10 Bänden«, Dudenverlag, Mannheim, Wien, Zürich 1991.
- Dehio, Georg; »Handbuch der Deutschen Kunstdenkmäler; Brandenburg«, Deutscher Kunstverlag, München, Berlin 2000.
- Ebert, Werner; Domnick, Hans; »Entlang der Märkischen Eiszeitstraße«, Eberswalde 1995.
- Fontane, Theodor; »Wanderungen durch die Mark Brandenburg«, 5 Bände, Aufbau-Verlag, 1976-1987.
- Hrg. Schlenke, Manfred; »Preußen Ploetz«, Eine historische Bilanz in Daten und Deutungen, Komet Verlag, Köln 2006.
- Internet Informationen.
- Materna, Ingo; Ribbe, Wolfgang; »Geschichte in Daten; Brandenburg«, Koehler & Amelang, München, Berlin 1995.
- »GEO Themenlexikon«; Gruner+Jahr AG & Co KG, Bibliografisches Institut, Mannheim 2007/2008.

Abbildungen mit freundlich Genehmigung:
S. 7: Albrecht der Bär und Otto I., Kupferstiche, Staatsbibliothek zu Berlin SPK, Handschriftenabteilung.
S. 7: Raubritter überfallen ein Dorf. Bilderhandschrift aus dem 15. Jh., Bildarchiv Karl Dietz Verlag, Berlin.
S. 9: Heinrich von Kleist (Kopie), Kleist-Museum Frankfurt (Oder).
S. 10: Günther, Gärtner; »Joseph Peter Lenné, Gärten, Parke, Landschaften«, Huss-Medien, Verlag für Bauwesen 1985.
S. 10: Porträt Thomas Müntzer, histor. Stich, Burg-und Schlossmuseum Allstedt.
S. 11: Hermann Fürst von Pückler-Muskau, Lucie Großer Verlag, Berlin.
S. 12. Bieretiketten, Schlossbrauerei Fürstlich Drehna.
S. 195: Fund aus dem »Königsgrab von Seddin«, SMPK, Museum für Vor- und Frühgeschichte, Berlin.
S. 196: Holzschnitt: Der Burggraf Friedrich von Nürnberg reitet 1412 in Berlin-Cölln ein, Bildarchiv Karl Dietz Verlag, Berlin.
S. 195: Bernhard von Clairvaux, Staatsbibliothek zu Berlin SPK, Handschriftenabteilung.
S. 197: Großer Kurfürst, Lucie Großer Verlag, Berlin.

Zu Band I-IV des Brandenburger Bilderbogens: Sollte trotz größter Bemühungen des Autors der Rechteinhaber einer Abbildung nicht ermittelt worden sein, wird um Mitteilung an den Verlag gebeten. Falls Ansprüche vorliegen, werden diese selbstverständlich vom Verlag im Rahmen der üblichen Vereinbarungen abgegolten.

In dieser vierbändigen Reihe des »Brandenburger Bilderbogens«, Kulturlandschaften in Europa, sind auch erschienen:

Brandenburger Bilderbogen

»Der Nordosten«

mit den Landkreisen Oberhavel, Märkisch-Oderland, Barnim und der Uckermark.

»Der Nordwesten«

mit den Landkreisen Havelland, Ostprignitz-Ruppin, Prignitz und der Stadt Brandenburg.

»Der Südwesten«

mit den Landkreisen Potsdam-Mittelmark, Teltow-Fläming, Elbe-Elster und der Stadt Potsdam.

»Die wahre Entdeckungsreise besteht nicht darin, neue Landschaften zu suchen, sondern mit neuen Augen zu sehen.« Marcel Proust

Über viele Jahrhunderte, ja Jahrtausende hinweg ist die Kulturlandschaft Brandenburgs von Menschen besiedelt, bebaut und gestaltet worden.

Mit der Eroberung der östlich gelegenen Gebiete zwischen Elbe und Oder begann im Jahre 1157 durch Albrecht den Bären die Inbesitznahme der Mark Brandenburg. Deutsche Ritter, Adlige und Siedler, aus Westen kommend, ließen sich auf dem eroberten Territorium nieder.

Im Verlauf dieser über 850-jährigen Geschichte Brandenburgs ergaben sich vielfach territoriale, politische und soziale Veränderungen für die Bevölkerung. Diese spiegelten sich im Leben, in der Architektur und in den Denkmalen wider. Leben bedeutet zwar Wandel und Veränderung, aber durch häufige »Bilderstürmerei« wurde vielfach Kulturgut geplündert, verschleppt, beschädigt oder sogar für immer zerstört.

In den vorliegenden Bänden wird ein Bilderbogen der gewachsenen brandenburgischen Kulturlandschaft im Herzen Europas gezeigt. Dabei werden Luch-, Bruch- und Flusslandschaften, hüglige Regionen, spezifische Gegebenheiten sowie kulturhistorische und technische Bauwerke der Mark vorgestellt.

Mit den vier eigenständigen Bänden fügt sich der *Brandenburger Bilderbogen* mit allen Landkreisen und kreisfreien Städten zu einem vielfältigen Ganzen.

Dieter Heidenreich

* Geboren in Berlin
* Lehre als Offsetdrucker
* Diplom für Grafik-Design an der Fachschule für Werbung und Gestaltung Berlin im Jahre 1969, Dipl. Grafik-Designer (FH)
* Gastdozent (Fachzeichnen) an der Fachschule für Werbung und Gestaltung, im Bereich Ausstellungsgestaltung, von 1969 bis 1970
* Arbeit in einer Werbeabteilung in den Jahren 1969–1973
* Seit 1974 freiberuflich als Grafik-Designer und Illustrator tätig
* Mitglied des Verbandes Bildender Künstler (VBK) seit 1972
* Juryarbeit im Berliner Verband Bildender Künstler (Bereich Grafik-Design)
* Diplom für Buchgestaltung und Illustration an der Hochschule für Grafik und Buchkunst Leipzig (extern) im Jahre 1986, Dipl. Grafik-Designer (H)
* Gestalter von Plakaten, Büchern und Briefmarken. Illustrator von Kinderbüchern und Zeitschriften sowie Arbeit im Bereich des Grafik-Designs. Entwicklung von Corporate-Design, Firmenzeichen und Konzepten
* Ausstellungsgestaltung und architekturgebundene Arbeiten
* Seit 1990 Mitglied der Allianz deutscher Designer (AGD)
* Teilnahme und Auszeichnungen auf nationalen und internationalen Ausstellungen der Plakat-, Signet-, Illustrations- und Buchgestaltung in: Polen, Tschechien, Russland, Ungarn, Bulgarien, Belgien, Finnland, Frankreich, Irland, Italien, Japan, Israel, BRD, DDR, Belgien, USA, Sarajevo (Bosnien und Herzegowina)
* Jurorentätigkeit in Ungarn bei der Nationalen Grafik-Design-Biennale in Békéscsaba
* Personalausstellungen in Berlin, Rostock, Magdeburg, Halberstadt, Singen und Prenzlau
* Studienreisen nach Polen, Ungarn, in die Slowakei, nach Tschechien, Bulgarien, Russland, Mittelasien (Usbekistan, Turkmenistan, Tadschikistan, Kasachstan, Kirgistan), Estland, Lettland, Litauen, Finnland, Frankreich, Italien, Mexiko, in die USA und die Schweiz
* Erfolgreiche Beteiligung an Wettbewerben im In- und Ausland
* Layouterstellung und Bildbearbeitung auf dem Macintosh-Computer
* Fotograf und Buchautor